Hessen für Genießer

Kristiane Müller-Urban • Eberhard Urban

Hessen für Genießer

Kulinarisches & Kultur,

Fitness, Wellness, Beauty,

Kostbarkeiten & Köstlichkeiten

SOCIETÄTSVERLAG

Die Angaben und Informationen in diesem Buch sind aktuell recherchiert und vor Drucklegung sorgfältig überprüft worden. Trotzdem ist darauf hinzuweisen, dass sich Telefonnummern, Öffnungszeiten und andere Angaben im Lauf der Zeit ändern können.

Satz und Layout: Sven Rutz, Societäts-Verlag, Frankfurt
Umschlaggestaltung: Katja Holst, Frankfurt
Druck und Verarbeitung: Jütte-Messedruck Leipzig GmbH
Printed in Germany 2004
ISBN 3-7973-0882-5

Inhalt

Kulinarische Regionen

Burgen & Schlösser

Hessen für Feinschmecker

Wellness, Fitness, Beauty

Erlesene Köstlichkeiten

Sportliche und andere Lustbarkeiten

Kulturgenuss in Stadt und Land

Vorwort

Hessen, malerisch ausgebreitet zwischen Weser und Neckar, Rhein und Rhön, ist ein besonderes Land. Es ist mit schönen Landschaften gesegnet – waldigen Mittelgebirgen, fruchtbaren Ebenen, romantischen Flusstälern und Seen, in denen sich das Himmelsblau spiegelt.

Geprägt von reicher Geschichte und Kultur, aus Tradition weltoffen und dem Neuen und Anderen immer aufgeschlossen, präsentiert sich Hessen als großes Erlebnis. Den Genießern bietet sich hier eine breite und bunte Palette, ihren Gelüsten und Launen von Herzen zu frönen.

Die Vielzahl der kulinarischen Angebote für Schlemmer und Feinschmecker, die unzähligen Stätten für die Genießer von Wein, Bier, Destillaten und anderen Köstlichkeiten, die lange Reihe der Orte, an denen Wellness, Fitness und Beauty gepflegt werden, nicht zuletzt die schier unermesslichen Möglichkeiten des Kulturgenusses – das alles würde den Rahmen eines jeden Buches sprengen.

So haben wir uns auf eine Auswahl beschränken müssen, die die Fülle und Vielfalt der Angebote für Genießer repräsentiert. Beigegeben sind Informationen, die Raum geben für eigene Erkundungen und Entdeckungen.

So ist ein Buch entstanden zum Lob des Hessenlandes – für den Gebrauch aller Genießer, seien sie hier ansässig oder Gäste aus der weiten Welt.

Allen, die bei der Erstellung dieses Buches mit Rat und Tat geholfen haben, sei ein herzliches Dankeschön gesagt.

Autoren und Verlag

NIEDERSACHSEN
NORDRHEIN-WESTFALEN
RHEIN-LAND-PFALZ
THÜ-RINGEN
BAYERN
BADEN-WÜRTTEMBERG
Diemel
Weser
Werra
Eder
Fulda
Lahn
Neckar
Reinhards-wald
Hofgeismar
Witzenhausen
Sauerland
Waldecker Land
Korbach
Wolfhagen
Kassel
Diemelsee
Twistesee
Twiste
Edersee
Meißner
Eschwege
Bad Wildungen
Melsungen
Kellerwald
Frankenberg (Eder)
Homberg (Efze)
Rotenburg a.d. Fulda
Burgwald
Knüllgebirge
Biedenkopf
Lahn-Dill-Bergland
Bad Hersfeld
Marburg a.d. Lahn
Schwalm
Dillenburg
Alsfeld
Hünfeld
Westerwald
Lauterbach
Wetzlar
Gießen
Lahntal
Vogelsberg
Fulda
Rhön
Weilburg
Wetterau
Limburg a.d. Lahn
Usingen
Fried-berg
Schlüchtern
Taunus
Büdingen
Bad Homburg v.d. Höhe
Bad Schwalbach
Frankfurt a. Main
Gelnhausen
Hofheim
Hanau a. Main
Rheingau
WIESBADEN
Offenbach a. Main
Spessart
Rüdesheim a. Rhein
Groß-Gerau
Dieburg
Darmstadt
Odenwald
Michelstadt
Erbach
Heppenheim a.d. Bergstr.
Bergstraße
PFALZ

Hessen – ein Paradies für Genießer

Die Vielfalt der hessischen Regionen widerspiegelt sich in den Landschaften – vom Hessischen Bergland im Norden bis zur Bergstraße, zum Odenwald und Neckartal im Süden. Geschmückt sind diese unterschiedlichen Landschaften mit Burgen und Schlössern, Dörfern, Städten und anderen Sehenswürdigkeiten. Und jede Region hat ihre Eigenheiten und Spezialitäten. Auf den folgenden Seiten werden zunächst die touristischen Organisationen, die gern mit Informationen helfen, und dann die kulinarischen Regionen vorgestellt. So erweist sich: Hessen ist einfach einmalig.

Hessen Touristik Service e.V.
Abraham-Lincoln-Str. 38 – 42
65189 Wiesbaden

Tel.: 06 11/77 88 00
Fax: 06 11/77 88 040
info@hessen-tourismus.de
www.hessen-tourismus.de

Region Kassel-Land e.V.
Touristik und
Regionalentwicklung
Bahnhofstr. 26
34369 Hofgeismar

Tel.: 0 56 71/50 75 30
Fax: 0 56 71/50 75 31
info@region-kassel-land.de
www.kassel-land.de

Touristik Service Waldeck-Ederbergland GmbH
Südring 2
34497 Korbach

Tel.: 0 56 31/95 43 59
Fax: 0 56 31/95 43 78
info@waldecker-land.de
www.waldecker-land.de

Der Edersee

Fremdenverkehrsverband Werra-Meißner-Land e.V.
Nordbahnhofsweg 1
37213 Witzenhausen

Tel.: 0 55 42/95 81 58
Fax: 0 55 42/95 81 99
tourismus.werra-meissner-land-@t-online.de
www.werra-meissner.de

Touristik Service Kurhessisches Bergland e.V.
Parkstr. 6
34576 Homberg (Efze)

Tel.: 0 56 81/77 54 80
Fax: 0 56 81/71 06 14
khb@schwalm-eder-kreis.de
www.kurhessisches-bergland.de

Touristik Service Waldhessen
Friedloser Str. 6
36251 Bad Hersfeld

Tel.: 0 66 21/62 04 44
Fax: 0 66 21/62 04 45
waldhessen@t-online.de
www.waldhessen.de

Tour GmbH
Marburg-Biedenkopf
Im Lichtenholz 60
35043 Marburg

Tel.: 0 64 21/40 53 45
Fax: 0 64 21/40 55 00
tourismus
@marburg-biedenkopf.de
www.marburg-biedenkopf-tourismus.de

Lahntal Tourismus
Verband e.V.
Karl-Kellner-Ring 51
35576 Wetzlar

Tel.: 0 64 41/4 07 19 00
Fax: 0 64 41/4 07 19 03
info@daslahntal.de
www.daslahntal.de

Region Vogelsberg
Touristik GmbH
Ludwigstr. 19
63679 Schotten

Tel.: 0 60 44/96 48 48
Fax: 0 60 44/96 48 49
info@vogelsberg-touristik.de
www.vogelsberg-touristik.de

Die Ronneburg am Rand des Vogelsberges

Rhön-Info-Center
Wasserkuppe 1
36129 Gersfeld

Tel.: 0 66 54/91 83 40
Fax: 0 66 54/9 18 34 20
rhoen-info-zentrum@rhoen.de
www.rhoen.de

Der Dom zu Fulda

Fremdenverkehrsverband Ferienland Westerwald-Lahn-Taunus e.V.
Schiede 43
65549 Limburg

Tel.: 0 64 31/29 62 21
Fax: 0 64 31/29 64 44
ferienland.wlt@t-online.de
www.landkreis-limburg-weilburg.de

Schloss Johannisberg im Rheingau

Rheingau-Taunus Kultur und Tourismus GmbH
An der Basilika 11a
65375 Oestrich-Winkel

Info-Tel.: 0 67 23/9 95 50
Fax: 0 67 23/99 55 55
tourist
@rheingau-taunus-info.de
www.rheingau-taunus-info.de

Taunus Touristik Service e.V.
Ludwig-Erhard-Anlage 1 – 4
61352 Bad Homburg v. d. Höhe

Tel.: 0 61 72/9 99 41 40
Fax: 06172/99 99 80 7
ti@taunus-info.de
www.taunus-info.de

Tourismus + Congress GmbH Frankfurt am Main
Kaiserstr. 56
60329 Frankfurt am Main

Tel.: 0 69/21 23 88 00
Fax: 0 69/21 23 78 80
info@tcf.frankfurt.de
www.frankfurt-tourismus.de

Touristik-Service Spessart-Kinzigtal-Vogelsberg
Barbarossastr. 28
63571 Gelnhausen

Info-Tel. zum Nulltarif:
0 800-SPESSART,
0 800/773 772 78
Fax: 0 60 51/48 07 20
tourismus@wfmkk.de
www.spessart-tourismus.de

TouristikService Odenwald-Bergstraße e.V.
Marktplatz 1
64711 Erbach

Tel.: 0 60 62/94 33 30
Fax: 0 60 62/94 33 33
info@tourismus-odenwald.de
www.odenwald.de

Kulinarische Regionen

Hessen à la carte

Gastronomen, der Pflege der Gastfreundschaft und der Kochkunst gleichermaßen verpflichtet, haben sich unter dem Motto „Wo es gut schmeckt: Hessen à la carte" zu einer Kooperation zusammengeschlossen. In den Restaurants, Gasthäusern und Landgasthöfen unter dem Zeichen „Hessen à la carte", die im ganzen Land zahlreich zu finden sind, kommen regional-

Die Sieger des letzten „Hessen à la carte" Wettbewerbs mit ihren Urkunden und Eisvogel-Trophäen; von links: Thomas Miethe vom Klinikum Fulda, Silvio Gattus von Vila Vita Hotel & Residenz Rosenpark in Marburg, Thomas Treusch vom Restaurant Treusch im Schwanen in Reichelsheim im Odenwald

Wild lebt in den heimischen Wäldern, Fische schwimmen in den Bächen, Flüssen und Seen, auf den Wiesen tummeln sich Lämmer und Weiderinder. Vielfältige Gemüse gedeihen auf Äckern und Feldern – vom Kraut bis zum Spargel. Und in der Erde reifen die edlen Knollen der Kartoffel. So hat die regionale Küche in den verschiedenen Landschaften die Lebensmittel, die höchsten Ansprüche der Genießer zu befriedigen. Oft kommen vergessene Gerichte der bäuerlichen Küche auf den Tisch.

Essen und Trinken gehören zusammen. Von den heimischen Getränken seien Mineralwasser, Bier, Saft, Apfelwein, Wein vom Rheingau und von der Bergstraße besonders erwähnt.

Bei den kulinarischen Aktionen und Veranstaltungen wird genauso die internationale Kochkunst gepflegt. So vereinen sich Heimat und weite Welt.

typische Spezialitäten auf den Tisch. In den „Hessen à la carte"-Betrieben von Alsfeld bis Zella ist die kulinarische Vielfalt und Eigenart der Regionen und Städte auf reizvolle Art zu erleben.

Viele Rezepte basieren auf der deftigen Hausmannskost oder stammen aus der bäuerlichen Küche.

Die traditionellen Zutaten und Zubereitungen werden mit Phantasie und Können so abgewandelt, dass eine feine regionale Küche entstanden ist, die höchste Ansprüche befriedigt.

Je nach Region und Saison stehen Wildspezialitäten, oft aus eigener Jagd, und fangfrische Fische auf der Speisekarte. Lämmer und die berühmten Rhönschafe, Weideochsen, Enten, Gänse und anderes Vieh mit und ohne Federn aus Hessen bereichern das lukullische Angebot.

Kartoffeln, Gemüse, Kräuter und Obst spielen ihre Küchenrollen; Äpfel und Spargel seien besonders erwähnt. Oft kommen die Zutaten aus eigener Herstellung.

Lokale Gerichte wie Nesterhebbes, Eule Bocker, Schmunzel, Dutsch, Hääbches, Flammbloatz, Dulkes, Scheppklies erwecken die Neugier und verheißen ein Abenteuer für versierte Gourmets.

Die Getränkekarten sind so abwechslungsreich wie die Speisekarten. Oft ist der Apfelwein selbstgekeltert, manchmal ist das Bier selbstgebraut, und mitunter kommt der Schnaps aus der hauseigenen Destille.

„Hessen à la carte" ist auch ein Medienereignis. Michaele Scherenberg und Karl-Heinz Stier gehen seit Jahren auf kulinarische Entdeckungsreisen und präsentieren ihre Erfahrungen auf launige Art in einer ihrer Sendefolgen im Hessenfernsehen, die „Hessen à la carte" heißt. Und so heißen auch die drei Bücher, die die beiden mit Geschichten, Rezepten und appetitlichen Bildern zubereitet haben.

Und jedes Jahr werden die besten „Hessen à la carte"-Köche gekürt und mit dem begehrten Eisvogel-Pokal ausgezeichnet.

Kooperation Hessen à la carte
Auguste-Victoria-Str. 6
65185 Wiesbaden
Tel.: 06 11/9 92 01 13
Fax: 06 11/9 92 01 22
Hoga-Hessen@t-online.de
www.hessen-alacarte.de

Schlemmerwochen im Märchenland der Brüder Grimm

Als die Brüder Grimm Märchen sammelten, um sie nachzuerzählen und Anfang des 19. Jahrhunderts erstmals zu veröffentlichen, hörten sie auch im Norden Hessens, wo sich das Dornröschenschloss Sababurg am Rand des Reinhardswaldes erhebt, viele Geschichten. Und wenn nach hundertjährigem Schlaf die Prinzessin wachgeküsst worden war, oder wenn der Frosch sich zum Königssohn verwandelt hatte, oder wenn das arme Aschenputtel den Prinzen zum Gemahl erhalten hatte – dann wurde gefeiert, gegessen und getrunken.

Diese märchenhafte Tradition pflegen etwa 40 Gastronomiebetriebe in Kassel und Umgebung. Die regionalen Köstlichkeiten werden nicht nur für Prinzessinnen und Prinzen zubereitet und aufgetragen. Manches Rezept stammt von Frau Lotte Grimm, der Mutter der Märchenbrüder.

Die Schlemmerwochen im Frühjahr werden vom heimischen Spargel bestimmt, die herbstlichen Wochen sind dem Wild und den Fischen gewidmet und ab Martini, dem 11. November, der Gans. Und natürlich kommt alles aus der Region frisch auf den Tisch.

Schlemmerwochen im Märchenland der Brüder Grimm
Region Kassel-Land e.V.
Touristik und Regionalentwicklung
Bahnhofstr. 26
34369 Hofgeismar
Tel.: 0 56 71/50 75 37
Fax: 0 56 71/50 75 31
info@region-kassel-land.de
www.schlemmerwoche.de

Termine
Frühjahr und Herbst

Diemelsee à la carte

Zu den rustikalen Genüssen zählt auch das einheimische Wild

Westlich von Kassel, schon in der Nähe von Nordrhein-Westfalen, erstreckt sich der lange und 166 Hektar große Diemelsee mit Sandstrand und allem, was zu einem Bade- und Wassersportparadies gehört. Der Naturpark mit seinen Wäldern und Wiesen lädt ein zu Spaziergängen und Wanderungen, bei denen die Herden von Angus- und Limousinrindern auf den Weiden zu sehen sind. Denn hier ist eines der führenden Zuchtgebiete für diese Rinderarten. Und mancher Gastronom hat seine eigene Herde und serviert das schmackhafte, zarte und saftige Fleisch aus eigener Herstellung. Welche ausgezeichnete Qualität auf den Tisch kommt, ist nicht immer der Speisekarte zu entnehmen – denn Qualität ist selbstverständlich.

Die Palette der regionalen Köstlichkeiten unter dem Motto „Rustikal genießen aus heimischem Wald, Feld und See“ schließt auch Wild, Diemelsee-Zander und Diemelforellen ein.

Diemelsee à la carte
Tourist-Information Diemelsee
Kirchstr. 6
34519 Diemelsee
Tel.: 0 56 33/91 13 3
Fax: 0 56 33/9 11 34
info@diemelsee.de
www.diemelsee.de

Termin
15. Juli – 31. Aug.

Eine kulinarische Rundreise

Die rührigen Gastronomen von Bad Wildungen-Reinhardshausen, dem nordhessischen Mineral-Heilbad, und vom Edersee veranstalten Jahr für Jahr eine Waldecker Restaurant-Qualitätsaktion. Nicht nur Kurgäste und Urlauber genießen die oft preiswerten Gerichte, es lohnt, eigens zum genussvollen Speisen ins Waldecker Land zu fahren.

Die Gourmets konnten sich schon in den vergangenen Jahren von der Qualität des Angebots überzeugen. Die beteiligten Restaurants, die ihre besonderen Aktivitäten unter ein Motto stellen wie „Waldecker Phantasien“ oder „NaturZeit“, wissen, dass der bisherige Erfolg Verpflichtung für Gegenwart und Zukunft ist. So lassen sie nicht nach, mit Kreativität und Lust am Kochen ihre Gäste zu verwöhnen. Und mit ihrem „Gericht des Jahres“ – der regionalen oder internationalen Küche gewidmet – wissen sie immer wieder aufs Neue, ihren Gästen Freude zu bereiten.

Eine kulinarische Rundreise
Heilbad- und Tourist-Service
Bad Reinhardsquelle GmbH
Quellenstr. 43
34537 Bad Wildungen-Reinhardshausen
Tel.: 0 56 21/78 90 15
Fax: 0 56 21/78 90 20
info@reinhardsquelle.de
www.reinhardsquelle.de

Termin
1. März – 15. Dez.

Frau Holle bittet zu Tisch

Die Frau Holle ist auf dem Hohen Meißner im Nordosten Hessens zu Hause. Aus dem Märchen ist bekannt, dass es im Land schneit, wenn ihr Bett kräftig aufgeschüttelt wird, und dass es gut bei ihr zu leben ist und es „alle Tage Gesottenes und Gebratenes“ gibt.

Wenn es heißt „Frau Holle bittet zu Tisch“, so bedient sich die gute Frau der etwa zwei Dutzend gastronomischen Betriebe des Werra-Meißner-Landes, die das ganze Jahr über ihre Gäste mit heimischen Gerichten und Spezialitäten verwöhnen. Was zum genussvollen Speisen auf den Tisch kommt, wird durch das bestimmt, was in der jeweiligen Saison an heimischen Produkten zur Verfügung steht. So gibt es zum Beispiel im Mai Gerichte unter dem Motto „Kräuter aus heimischen Gärten“, im September beherrschen die „Kartoffeln aus der Region“ den Speiseplan. Und wenn gegen Ende des Jahres Frau Holle zu Tisch bittet, gibt es Wild, Gänsebraten, Grünkohlpfanne mit Bratwurst, Weckewerk und Wellfleisch, gefüllten Schweinebraten, Kartoffelklöße mit Duckefett und andere Köstlichkeiten, aber auch die neue deutsche und die internationale Küche wird im Märchenreich der Frau Holle gepflegt.

Frau Holle bittet zu Tisch
Fremdenverkehrsverband Werra-Meißner-Land e. V.
Nordbahnhofsweg 1
37213 Witzenhausen
Tel.: 0 55 42/95 81 58
Fax: 0 55 42/95 81 99
tourismus.werra-meissner-land@t-online.de
www.werra-meissner-land.de

Termin
ganzjährig, Aktionswochen Mai/Juni, Sept./Okt.

Regionale Küche Knüll

Das Knüllgebirge, kurz Knüll genannt, liegt südlich von Homberg (Efze), östlich von Schwalmstadt, westlich von Bad Hersfeld. Vom 636 Meter hohen Eisenberg geht der Blick über ausgedehnte Wälder, tief eingeschnittene Wiesentälchen und blumenbunte Bergwiesen.

Bei der Aktion „Regionale Küche Knüll" werden vornehmlich mehrgängige Menüs serviert. Knüllforelle, Lamm, Wild und andere Spezialitäten machen Appetit auf das Gebirge und seine Küche. Wer ihn nicht kennt, probiert zum Beispiel mal neugierig den „Kartoffelplatz".

Wer sich voranmeldet, erhält zum Menü Wissenswertes über Land und Leute, Kochgeheimnisse werden gelüftet, zum Dessert gibt es Kultur. So wird Essen und Trinken zum Erlebnis.

Die Aktion, die von Oktober bis März dauert, wird ergänzt durch die Speisekarte, die sich ändert mit dem Lauf der Jahreszeiten, mit dem frischen Angebot, das Wälder und Felder, Weiden und Bäche zu bieten haben.

Regionale Küche Knüll
Zweckverband Knüllgebiet
Raiffeisenstr. 8
36286 Neuenstein-Obergeis
Tel.: 0 66 77/91 90 30
Fax: 0 66 77/91 90 31
zweckverband.knuellgebiet.
@t-online.de
www.zweckverband-
knuellgebiet.de

Termin
Okt. – März

Tischlein deck dich

Die Brüder Grimm erzählen das Märchen vom Zaubertischlein. Wenn zu ihm gesprochen wurde: „Tischlein deck dich“, so war es „auf einmal mit einem saubern Tüchlein bedeckt, und stand da ein Teller, und Messer und Gabel daneben, und Schüsseln mit Gesottenem und Gebratenem, so viel Platz hatten, und ein großes Glas mit rotem Wein leuchtete, dass einem das Herz lachte“.

Der Luftkurort Frielendorf im Kurhessischen Bergland, zwischen Homberg (Efze) und Schwalmstadt an der B 254 gelegen, ist bekannt durch den Ferienwohnpark am Silbersee, das Wildniscamp und den Mountainbikepark. Mehrere kombinierbare Rundkurse sind ganzjährig befahrbar. Nicht zuletzt durch die Aktion verschiedener Frielendorfer Gastronomen. Sechs Restaurants zaubern unter dem Motto „Tischlein deck dich“ Spezialitäten zu gastfreundlichen Preisen auf den Tisch und verwöhnen durch ihr Angebot mit wechselnden kulinarischen Themen und Schwerpunkten kleine und große Genießer. In der Frielendorfer Märchennacht verbinden sich Kultur und märchenhaft Kulinarisches.

Tischlein deck dich
Verkehrsbüro
Frielendorf am Silbersee
Hauptstr. 51
34621 Frielendorf
Tel.: 05684/7827
Fax: 05684/7927
tourismus@frielendorf.de
www.frielendorf.de

Termin
Juni – Sept.

Märchenhaftes Tischlein deck dich

Das Essen in der Region ist gut und oft deftig und hält manche kulinarische Überraschung bereit – wie im Märchen vom „Tischlein deck dich“. Die Küche bedient sich der heimischen frischen Zutaten der Saison. Die Lämmer, die bei den Lammwochen zubereitet werden, sind auf den Wiesen Waldhessens herangewachsen. Im Jahreslauf folgen zum Beispiel Kräuterwochen; frühlingsfrische würzige Gerichte werden aufgetragen. Im Herbst gibt es natürlich Wildwochen; das Wild stammt aus den Wäldern der Region, dazu werden Kartoffeln in vielfältigen Variationen gereicht. So ist die waldhessische Küche immer abwechslungsreich, bodenständig, sehr gesund – mit einem Wort: märchenhaft.

Wer Glück hat, trifft in einer der waldhessischen Gaststätten eine Märchenerzählerin. Dann gibt es zum Essen noch eine der Geschichten, die – „Es war einmal“ – die Brüder Grimm hier einst gehört haben.

Märchenhaftes Tischlein deck dich
Touristik-Service Waldhessen
Friedloser Str. 6
36251 Bad Hersfeld
Tel.: 06621/620444
Fax: 06621/620445
waldhessen@t-online.de
www.waldhessen.de

Termine
ganzjährig,
Lammwochen
Anf. März – Anf. Apr.,
Kräuterwochen
Anf. Apr. – Ende Mai,
Wildwochen
Mitte Sept. – Anf. Nov.

Aus der Rhön für die Rhön und Rhöner Charme

Die partnerschaftliche Aktion „Aus der Rhön für die Rhön" vereinigt Landwirte, Gastronomen, Handwerker und andere in der alten Kulturlandschaft Rhön verwurzelte Betriebe. Durch die Vermarktung vor allem landwirtschaftlicher Produkte wird die Existenz der Bauern gesichert, kann die Landschaft, die ein Biosphärenreservat ist, erhalten bleiben. Rund um Hessens höchsten Berg, die 950 Meter hohe Wasserkuppe, die zugleich ein Segelflugzentrum ist, werden die Gäste verwöhnt. Das Rhönschaf, der Rhöner Weideochse und die Rhöner Bachforelle stehen im Mittelpunkt der gastronomischen Aktion, die begleitet wird von fröhlichen Festen.

Zusätzlich werden zwei bis drei mal im Jahr Aktionswochen unter dem Motto „Echt Rhön hier" mit den Köstlichkeiten der Saison veranstaltet.

Rhön – Landschaft der offenen Fernen

Der Gasthof Zum Rosenbach'schen Löwen in Hilders-Eckweisbach ist eine typische Stätte Rhöner Gastlichkeit

Unter der Bezeichnung „Rhöner Charme“ haben sich Landwirte, Metzger und Gastronomen zusammengefunden. Zu den Aktivitäten gehören Führungen durch die Gehöfte und kulinarische Feste. Im Mittelpunkt steht die heimische Rhöner Küche mit ihren Spezialitäten je nach Saison. Höhepunkt ist das „Festival der offenen Fernen“ mit großem Veranstaltungsprogramm, das seit 2003 am ersten August-Wochenende gefeiert wird, als sich viele zehntausend Besucher vom Slogan „Hier steppt das Rhön-Schaf“ auf die Wasserkuppe und in die Orte drumherum locken ließen, um begeistert die Rhön und ihre Genüsse zu erleben.

Aus der Rhön – für die Rhön
Gastro Service Rhön
Josefstr. 9
97653 Bischofsheim an der Rhön
Tel.: 0 97 72/456
Fax: 0 97 72/12 95
info@adr-fdr.de
www.adr-fdr.de

Termin
ganzjährig mit wechselnden saisonalen Schwerpunkten

Rhöner Charme
Rhön-Info-Center
Wasserkuppe 1
36129 Gersfeld
Tel.: 0 66 54/91 83 40
Fax: 0 66 54/9 18 34 20
rhoen-info-zentrum@rhoen.de
www.rhoener-charme.de

Termin
ganzjährig, Festival der offenen Fernen am 1. Aug.-Wochenende

Kulinarischer Herbst entlang der Lahn

Marburg, Gießen, Wetzlar, Weilburg, Limburg und andere Orte säumen die Ufer des Flusses, der auf langen Strecken durch die Stille der Natur dahinfließt. Auf dem Lahntal-Radweg oder im Boot auf dem Wasser lässt sich auf besonders schöne Art die Landschaft erleben.

Im bunten Herbst vereinen sich Erzeuger, Direktvermarkter und Gastronomen aus den Regionen Marburg-Biedenkopf, Lahn-Dill und Limburg-Weilburg zur lukullischen Aktion „Kulinarischer Herbst entlang der Lahn“, wobei regionale Spezialitäten zur Freude der Genießer aufgetischt werden. Dazu zählen die Weidelämmer und die Weiderinder, die auf den kräuterreichen Wiesen heranwachsen. Deren Fleisch ist aromatisch und zart und kommt in vielen Variationen auf den Tisch.

Aber auch wenn es nicht Herbst entlang der Lahn ist, ist längs des Flusses gut zu speisen und zu schlemmen.

Der Dom zu Limburg an der Lahn

Kulinarischer Herbst entlang der Lahn
Freizeitregion Lahn-Dill e.V.
Karl-Kellner-Ring 51
35576 Wetzlar
Tel.: 0 64 41/4 07 19 04
Fax: 0 64 41/4 07 19 03
kulinarischerherbst@daslahntal.de
www.kulinarischerherbst.de

Termin
ab Mitte Sept. – Mitte Nov.

Gaumenfreuden an der Hochtaunusstraße

Diese Ferienstraße von Bad Homburg über Schmitten nach Bad Camberg ist mit einigen Abstechern und Nebenstrecken 60 Kilometer lang, führt auch nach Oberursel, Kronberg, Königstein, zum Hessenpark und nach Weilrod.

Zum Natur- und Kulturgenuss auf dieser Route kommen die Gaumenfreuden. Zur herbstbunten Zeit, die ernte- und wildreich ist, flattern vor etwa 30 Restaurants, Gasthöfen und Hotels die Fahnen mit dem Zeichen des grünen Baums. Die regionalen Spezialitäten stehen auf den Speisekarten zur Auswahl und sie werden auch in festlichen Veranstaltungen serviert.

Gaumenfreuden an der Hochtaunusstraße
Taunus Touristik Service e. V.
Ludwig-Erhard-Anlage 1–4
61352 Bad Homburg v. d. Höhe
Tel.: 0 61 72/999 41 40
Fax: 0 61 72/999 98 07
ti@taunus-info.de
www.gaumenfreuden.de

Termin
Sept. – Okt.

Eine der kulinarischen Hauptrollen an der Hochtaunusstraße neben Wild und Fisch, Lämmern, Kälbern und Schweinen, frischen Gemüsen und Kräutern spielt der Apfel, dem eigene lukullische Apfelwochen gewidmet sind. Gerichte mit Äpfeln und Apfelwein kommen dann auf den Tisch.

Rheingau Gourmet & Wein Festival und Rheingauer Schlemmerwochen und Glorreiche Rheingau Tage

Der Rheingau ist, wie Thomas Mann schwärmt, „jener begünstigte Landstrich, welcher, gelinde und ohne Schroffheit sowohl in Hinsicht auf die Witterungsverhältnisse wie auf die Bodenbeschaffenheit, reich mit Städten und Ortschaften besetzt und fröhlich bevölkert, wohl zu den lieblichsten der bewohnten Erde gehört. Hier blühen, vom Rheingaugebirge vor rauhen Winden bewahrt und der Mittagssonne glücklich hingebreitet, jene berühmten Siedlungen, bei deren Namensklange dem Zecher das Herz lacht ...“

Von Flörsheim-Wicker über dem Main, woher der Riesling ursprünglich stammt, bis Lorchhausen am romantischen Rhein erstreckt sich die Weinlandschaft des Rheingaus, zu erfahren auf der Rheingauer Riesling Route für Autofahrer, auf dem Rheingauer Radwanderweg, zu Fuß zu erleben auf dem Rheingauer Riesling Pfad.

Weinfeste gibt es hier übers ganze Jahr. Und wo mit Lust und Laune getrunken wird, da wird mit Liebe gekocht. Mit besonderen kulinarischen Veranstaltungen und Ereignissen lassen sich Genießer immer wieder gern in den Rheingau locken.

Beim Rheingau Gourmet & Wein Festival zaubern Spitzenköche aus aller Welt die Menüs auf die Tische, Spitzenwinzer kredenzen dazu ihre besten Weine. Jahr für Jahr ist der Schwerpunkt des Festivals einer bestimmten Gourmetregion aus der Genießerwelt gewidmet. Orte des Festivals sind die traditionsreiche „Krone Assmannshausen“, das Kronenschlösschen in Hattenheim und andere Restaurants und ausgewählte Weingüter.

Der alte Spruch „Wo Gutes leit im Keller, gehört auch ebbes Gutes uff de Teller“ ist immer noch gültig. Bei den Rheingauer Schlemmerwochen, zu denen etwa 140 Winzer und Gastronomen Gutes aus dem Keller holen und Gutes auf die Teller bringen, kann sich jeder von der Qualität der heimischen Küche überzeugen und dazu die Rheingauer Weine – vornehmlich den Riesling und den roten Spätburgunder genießen. Umrahmt werden die Genüsse durch ein Veranstaltungsprogramm, wozu Musik, Kunst und Ausflüge gehören.

Rheingau
Gourmet & Wein Festival
Hotel Krone Assmannshausen
Rheinuferstr. 10
65385 Rüdesheim-Assmannshausen
Tel.: 0 67 22/40 30
Fax: 0 67 22/30 49
krone-ass@t-online.de
www.rheingau-gourmet-festival.de

Termin
12 Tage bis Mitte März

Die Prädikatsweingüter – zusammengeschlossen im VDP, Verband Deutscher Prädikats- und Qualitätsweingüter e.V. – feiern ihre Erzeugnisse bei den Glorreichen Rheingau Tagen. Zu den erlesenen Weinen werden ausgewählte Gerichte aufgetragen. Festliche Abendmenüs finden mit vielerlei kulturellen Darbietungen statt. Weinpräsentationen und Raritätenproben werden durchgeführt. So gibt es für Genießer immer wieder einen guten Grund, sich in den weingesegneten Rheingau zu begeben.

Rheingauer Schlemmerwochen
Rheingau-Taunus Kultur und Tourismus GmbH
An der Basilika 11a
65375 Oestrich-Winkel
Info-Tel.: 0 67 23/9 95 50
Fax: 0 67 23/99 55 55
tourist@rheingau-taunus-info.de
www.rheingau-taunus-info.de

Termin
Ende Apr./Anf. Mai

Glorreiche Rheingau Tage
VDP Rheingau e. V.
Mühlberg 5
65399 Kiedrich
Tel.: 0 61 23/67 68 12 und
0 67 23/99 97 38
Fax: 0 61 23/67 68 13
vdp-rheingau@t-online.de
www.vdp-rheingau.de

Termin
9 Tage bis Mitte Nov.

Kulinarisches aus der Wetterau

Auch in der Alten Klostermühle von Arnsburg, einem Hessen à la carte-Betrieb, gibt es Kulinarisches aus der Wetterau

Die Ebene zwischen Taunus im Westen und Vogelsberg im Osten wird ihrer Fruchtbarkeit und ihres Erntereichtums die Goldene Wetterau genannt. Im Goldenen Oktober gibt es hier die Aktion „Kulinarisches aus der Wetterau“. Die Gastronomen arbeiten dabei mit den Landwirten zusammen und dem Verein Weiderind aus Wetterau und Vogelsberg e. V., dessen Mitglieder nach strengen, kontrollierten Richtlinien Aufzucht und Haltung der Rinder betreiben. So gibt es keine Pestizide im Grünland, es werden keine Importfuttermittel verwendet, das Grundfutter stammt aus der Region. Im Winter sind die Weidetiere in großen Laufställen ohne Anbindehaltung. Außerdem wirken die Landwirte und Viehhalter im Naturschutz.

Die Gasthöfe, Restaurants und Hotels, die Kulinarisches aus der Wetterau anbieten, residieren zum Teil in historischen Gebäuden oder alten Mühlen. Auch das Friedberger Brauhaus mit seinem St. Florian Bräu und die Niddaer Gasthofbrauerei gehören dazu.

Kulinarisches aus der Wetterau
Wetteraukreis
Amt für Kreisentwicklung
Europaplatz
61167 Friedberg
Tel.: 0 60 31/8 38 34
Fax: 0 60 31/8 38 35
kreisentwicklung@wetterau.de
www.wetterau.de

Termin
Anf. Okt. – Anf. Nov.

Vogelsberger Lammwochen und Vogelsberger Bierwoche

Einst war der Vogelsberg Europas größter Vulkan. Heute ist die Region rund um den 773 Meter hohen Taufstein eine Ferien- und Freizeitregion. Auf den Weiden tummeln sich auch muntere Lämmer und geben im Frühling Anlass für die Lammwochen. Zum Auftakt zelebrieren etwa 30 Gastronomen in einer der Vogelsberg-Städte ein reiches und vielfältiges Lammbuffet. Die Köche präsentieren vielerorts im Vogelsberg ihre Lammspezialitäten. Feinschmecker versorgen sich mit Schinken, Wurst und Pasteten, die sie als Souvenirs nach Hause tragen, um die Lammwochen weiter zu feiern.

Am 23. April, dem Tag des Bieres, beginnt die Vogelsberger Bierwoche. Neben der Lauterbacher Burgbrauerei als Partner der Aktion gibt es im Vogelsberg so manche Brauerei, die mit den besten heimischen Zutaten und dem reinen Wasser der Region süffige Biere aller Arten produziert. Mit und zum Bier kreieren die Köche ihre Köstlichkeiten – von der Vorspeise bis zum Desert.

Der Jägerhof

Der Jägerhof veranstaltet Schlachtfest-Wochenenden, Schlemmer-Wochenenden, Biertouren, Backofenfeste, Kornbrennerei-Besichtigungen und andere Ereignisse.

Vogelsberger Lammwochen und Vogelsberger Bierwoche
Informationen
Landgasthaus Jägerhof
Hauptstr. 9
36341 Lauterbach-Maar
Tel.: 0 66 41/9 65 60
Fax: 0 66 41/6 21 32
schmidt@jaegerhof-maar.de
www. jaegerhof-maar.de
www.vogelsberger-lammwochen.de

Termin
Lammwochen ab März;
Bierwoche ab 23. Apr.

Spargeltage Gerauer Land

Früher wuchs der Spargel nur in den Schlossgärten und galt als königliches Gemüse. Zum Glück sind diese Zeiten vorbei und die weißen und grünen Luststangen dienen dem allgemeinen Genuss. Das Gerauer Land – von Kelsterbach und Rüsselsheim im Norden bis Riedstadt und Gernsheim im Süden – ist ein traditionsreiches Spargelland. Und wenn der Spargel gestochen wird, von Ende April bis zum Johannistag 24. Juni, dann wird er bei den Spargeltagen gefeiert, dann ist Hoch-Zeit für die Genießer.

Der Hotel- und Gaststättenverband mit dem Kreisbauernverband und dem Kreis Groß-Gerau eröffnet die Spargelsaison mit einer Spargelgala. Treffpunkt Spargel heißen die kulinarischen Abende und die Kochkurse. Spargelbuffets, Spargelmenüs, Spargel-Dinner for two, Spargelbrunches stehen auf dem Programm der Restaurants und Hotels. Es gibt kulinarische Weinproben und eine Spargel-Info-Börse. Weil ein Spargeltag viel zu wenig für die lukullischen Köstlichkeiten ist, werden Erlebnisaufenthalte veranstaltet. Die Spargelbauern feiern ihre Hoffeste, zum Spargel gibt es Musik, Kunst und Literatur. Wissenshungrige begeben sich auf den Spargellehrpfad, um sich wieder Appetit zu holen auf das Gemüse, das einmalige Genüsse verheißt.

Spargeltage Gerauer Land
Kulturbüro
Wilhelm-Seipp-Str. 4
64521 Groß-Gerau
Tel.: 06152/989444
Fax: 06152/989675
spargeltage@kreisgg.de
www.spargeltage.de

Termin
Ende Apr. – 24. Juni

Frisch und lecker im Landkreis der Genießer

Um Genießer zu verwöhnen, haben sich der Kreis, der Hotel- und Gaststättenverband, der Kreisbauernverband und etwa 70 landwirtschaftliche und gastronomische Betriebe vereint, die heimische Produkte erzeugen, vermarkten und anrichten. Dazu zählen Fleischereien, Geflügelzüchter, Obst- und Gemüsebauern, Winzer aus Groß-Umstadt, Molkereien, Dorfläden und andere Betriebe. Im Rhythmus der Jahreszeiten ändern sich Angebote und Speisekarten der kulinarischen Wochen, die übers ganze Jahr den Appetit anregen und die Genussfreude stillen.

Stätte erlebnisreicher Genüsse: Bockshaut in Darmstadt

Frisch und lecker im Landkreis der Genießer
Arbeitsgemeinschaft Kulinarische Wochen
Landratsamt
Servicestelle
Rheinstr. 65
64276 Darmstadt

Tel.: 0 61 51/88 110 12
Fax: 0 61 51/88 115 13
service@da.ladadi.de
www.ladadi.de

Termin
ganzjährig

Vom Weinfrühling bis zum Weinherbst

Die Bergstraße, die sich entlang des Odenwaldes von Darmstadt nach Süden entlangzieht, ist Deutschlands Frühlingsgarten. Vor den rauhen Nord- und Ostwinden geschützt, neigen sich die Hänge dem Rhein zu. Dank der günstigen Lage erwacht der Frühling zuerst an der Bergstraße. Mandel-, Pfirsich-, Aprikosen- und Kirschblüten verzaubern die Landschaft. Und natürlich gedeiht hier ein vorzüglicher Wein. Auf mehr als der Hälfte der Anbaufläche wächst Riesling, gefolgt von Müller-Thurgau und anderen Rebsorten. Das Weinbaugebiet Hessische Bergstraße umfasst auch den Bereich Umstadt, die Odenwälder Weininsel am Nordrand des Odenwaldes um Groß-Umstadt.

Die Winzer feiern mit den Weingenießern gern den Wein. Hier seien nicht die einzelnen frohen örtlichen oder Hoffeste aufgezählt, nur die großen Veranstaltungen erwähnt, bei denen selbstverständlich zu Wein oder Sekt auch kulinarische Spezialitäten der Region gereicht werden.

Beim Bergsträßer Weinfrühling wird von Ende April bis Anfang Mai neun Tage lang dem Wein gehuldigt. Am 1. Mai veranstalten die Jungwinzer die Bergsträßer Weinlagenwanderung zwischen Zwingenberg und Heppenheim. An Pfingsten, vier Tage lang, wird das Zwingenberger Weinfest gefeiert. Der Bergsträßer Weinmarkt in Heppenheim dauert neun Tage von Ende Juni bis Anfang Juli. Im Jahr 2004 geht der Markt im Hessentag auf. Das Odenwälder Winzerfest in Groß-Umstadt währt vier Tage in der Mitte des September.

Weinbauverband Hessische Bergstraße e. V.
Kettelerstr. 29
64646 Heppenheim
Tel.: 0 62 52/7 56 54
Fax: 0 62 52/78 82 56
info@bergstraesser-wein.de
www.bergstraesser-wein.de

Odenwälder Lammwochen und Odenwälder Kartoffelwochen und Lebkuchenzeit im Odenwald-Gasthaus

Der Odenwald, das Gebirge in Südhessen, das sich bei Hirschhorn bis zum Neckar erstreckt, ist nicht nur ein waldreiches Wandergebiet. Auf den Äckern, Wiesen und Weiden wird eine Landwirtschaft auf ökologischer Basis betrieben, deren Erzeugnisse Genuss ohne Reue garantieren.

Im Jahreslauf gibt es eine Odenwälder „Dinkel- und Grünkernzeit", eine „Spargelzeit", eine „Forellen- und Salatezeit", eine Zeit „Rund um den Apfel", eine „Gänsezeit". Im April werden die Odenwälder Lammwochen veranstaltet. Die Aktion wird getragen von den Hotel- und Gaststättenverbänden Odenwald, Bergstraße und Darmstadt-Dieburg, dem Odenwaldkreis, dem Schäferverein Odenwaldkreis und den etwa 30 Restaurants und Gaststätten, vor denen während der Lammwo-

chen bunte Fahnen zur Kennzeichnung flattern. Die Köche bereiten das zarte Lamm in vielerlei Variationen zu, auf traditionelle und auch auf moderne Art.

Die Kartoffelfahne weht während der Odenwälder Kartoffelwochen vor den über 50 beteiligten Restaurants und Gaststätten. Die tolle Knolle mit ihrem großen Sortenreichtum wird von den fantasievollen Köchen auf die unterschiedlichsten Weisen zubereitet – von der Vorspeise über das Hauptgericht bis zum Desert. Während der Kartoffelwochen stehen traditionelle Gerichte und moderne Kreationen auf den Speisekarten. Dabei erweist sich die Wahrheit des alten Spruchs „Es gibt nix besseres wie e guud Kaddoffel". Ein Veranstaltungsprogramm mit Führungen, Ausstellungen, Festen gehört zu den Kartoffelwochen, die veranstaltet werden von den Hotel- und Gaststättenverbänden und dem Odenwaldkreis. Über allem aber thront die charmante und bezaubernde Kartoffelkönigin.

Unter dem Qualitätsbegriff „Odenwald-Gasthaus" bilden einige Familienbetriebe unter dem Motto „Sagenhaft ...! Natürlich aus der Region" eine Partnerschaft, die nur beste Erzeugnisse zum Genuss der Gäste zubereitet. Diese Odenwald-Gasthäuser, die eine kreative Kochkunst pflegen, beteiligen sich an allen kulinarischen Aktionen und laden außerdem zur „Lebkuchenzeit im Odenwald-Gasthaus" ein. Das würzige Gebäck, das hier ohne Oblaten gebacken wird, findet dann vielfältige Verwendung in der Küche – zur freudigen Überraschung der Gäste, die gern den gelb gestreiften Fahnen mit dem grünen Odenwald-Gasthaus folgen.

Odenwälder Lammwochen
Odenwälder Kartoffelwochen
Lebkuchenzeit im Odenwald-Gasthaus
OREG Odenwald-Regional-Gesellschaft mbH
Marktplatz 1
64711 Erbach
Tel.: 0 60 62/94 33 30
Fax: 0 60 62/94 33 66
info@tourismus-odenwald.de
www.lammwochen.de
www.kartoffelwochen.de
www.odenwald-gasthaus.de

Termine
Lammwochen Mitte – Ende Apr.; Kartoffelwochen vorletzter Sept. – Sa. bis Anf. Okt.; Lebkuchenzeit Ende Nov. – Mitte Dez.

Beerfelder Bierwochen und Wildwochen im Beerfelder Land

Das Beerfelder Land ist ein Ferien- und Erholungsgebiet im Südosten des hessischen Odenwalds. Mit dem klaren Wasser und den besten Sorten von Malz, Hopfen und Hefe wird hier Bier gebraut. Durch die Kunst der Braumeister entstehen zur Freude der Genießer eine Vielzahl von Bierspezialitäten. Die Beerfelder Küchenmeister verschiedener gastronomischer Betriebe und die Privatbrauerei Felsenkeller veranstalten unter dem Motto „Kochen mit Bier – köstliche Würze für feine Speisen" im Frühling ihre Bierwochen.

Die Quelle der Mümling in Beerfelden

Im Herbst gibt es die Wildwochen. Das Beerfelder Land ist wald- und wildreich. Und weil die Wildtiere keine natürlichen Feinde haben, sorgen die Jäger der Hegegemeinschaft Oberzent für das Gleichgewicht in der Natur. Und die beste Beute kommt als feinstes Wildbret in die Gasthäuser und Restaurants des Beerfelder Landes, in denen die Wildwochen mit ihren Delikatessen gefeiert werden.

Beerfelder Bierwochen
Wildwochen im Beerfelder Land
Tourist-Information Beerfelder Land
Metzkeil 1
64743 Beerfelden
Tel.: 0 60 68/93 03 20
Fax: 0 60 68/35 29
stadtverwaltung@beerfelden.de
www.beerfelden.de

Termine
Bierwochen Apr./Mai;
Wildwochen Okt./Nov.

Hessische Apfelwein- und Obstwiesenroute

Der Apfel ist eine paradiesische und aphrodisische Frucht. Die Geschichte von Verführung und Lust, von Eva und Adam ist bekannt. Die Wege durch das hessische Apfelparadies sind mit einem roten Apfel, um den sich ein grüner Pfeil dreht, gekennzeichnet.

Die Hessische Apfelwein- und Obstwiesenroute besteht aus sechs Regionalschleifen: Landkreis Gießen, Wetterau, zwischen Main und Taunus, Main-Kinzig-Kreis, Stadt und Kreis Offenbach, Odenwald. Die Strecken verbinden auf Wander- und Radwegen landschaftliche und kulturelle Sehenswürdigkeiten, Streuobstwiesen und Lehrgärten, Keltereien, Direktvermarkter, Handwerksbetriebe, nicht zuletzt Gaststätten und Landhotels.

Unterstützt von Gemeinden und Institutionen, finden längs der Hessischen Apfelwein- und Obstwiesenroute das ganze Jahr über Feste und Veranstaltungen statt. Es gibt Blütenfeste und Blütenwanderungen, Märkte und Hoffeste, Apfelweinproben, Kulinarische Apfelwochen, Kelterfeste, sportliche Veranstaltun-

gen wie den Apfellauf und viel Spaß und Informationen für Kinder und Erwachsene.

Der Apfelwein – in Frankfurt Äpfelwein, weil es vieler Äpfel bedarf, daraus Wein zu keltern – hat eigene Namen, je nach Gegend heißt er Ebbelwei wie in Frankfurt, Ebbelwoi, Äppelwoi, Äppler und wird liebevoll „Stöffche" genannt.

Hessische Apfelwein- und Obstwiesenroute
Marketinggesellschaft
Gutes aus Hessen e. V.
Homburger Str. 9
61169 Friedberg
Tel.: 0 60 31/73 23 63
Fax: 0 60 31/9 30 61
info@gutes-aus-hessen.de
www.hessischeapfelweinroute.de

In Hessen besteht der Apfelwein natürlich zu 100 Prozent aus Apfelsaft. Das ist in anderen Ländern nicht selbstverständlich. Im sparsamen Schwaben darf ein Anteil von 10 Prozent Wasser zugegeben werden. Im Herbst werden die Äpfel verschiedener Sorten gepresst. Der Most ist der „Süße" und hat noch keinen Alkohol. Ab Mitte Oktober gärt der Süße in den Fässern, das bitzlige Getränk enthält Alkohol, ist nun der „Rauscher" und enstspricht dem Federweißen beim Wein. Wer diesem scheinbar harmlosen

Das Team von Schuch's Restaurant

Apfelwein-Frischling zu viel zuspricht, merkt bald, woher der Name kommt. Um die Weihnachtszeit, wenn der „Alte" ausgetrunken ist, kommt der „Neue" in die Flaschen und Bembel.

Für den Wissensdurst der Hessengäste oder der Neuhessen: Bembel heißt das dickbauchige Gefäß aus Steingut mit Salzglasurüberzug in grauer Farbe mit blauem Muster. Das Wort ist mit Bimmel, Bimbel verwandt, was eine Glocke meint. Das erklärt, warum der Krug zum Ritus des Schoppepetzens, des Apfelweintrinkens, unerlässlich ist.

Petra und Jürgen Schuch

Wer bislang über den Sinn des Liedes von der Frau Rauscher, die in der Klappergass in Frankfurt-Sachsenhausen ein Denkmal gesetzt bekommen hat, rätseln musste, versteht nun den Text in seiner Zweideutigkeit, denn der Alte kann auch das Ehegespons sein.

„Die Frau Rauscher aus der Klappergass, die hot e Beul am Ei. Ob's vom Rauscher, ob's vom Alte kimmt, das klärt die Polizei."

Getrunken wird der Apfelwein aus dem Gerippten, dem Glas mit dem Rautenmuster, durch das die goldene Farbe des Getränks besonders schön leuchtet und strahlt. An heißen Tagen ist der Gespritzte eine erfrischende Labsal; Apfelwein mit einem Schuss Mineralwasser ist der Sauer-, mit einem Schuss Limonade der Süßgespritzte.

Die Zugabe von Speierling, Quitte, Eberesche oder sauren Früchten, die mitgekeltert oder zugesetzt werden, bringt Apfelweine mit typischem Beigeschmack. Manche Kelterei produziert auch sortenreine Apfelweine, die aus hochstieligen Weingläsern getrunken werden – aber auch aus dem Gerippten. Älter als der Traubensekt ist der Apfelschaumwein, der erstmals 1820 hergestellt wurde. Die edelsten Sorten sind Apfelchampagner

Schuch´s Restaurant
Alt-Praunheim 11
60488 Frankfurt am Main
Tel.: 069/761005
Fax: 069/7682671
www.schuchs-restaurant.de
Okt. Kulinarische Apfelwochen

Odenwald-Gasthaus Johanns-Stube
im Restaurant Treusch im Schwanen
Rathausplatz 2
64385 Reichelsheim
Tel.: 06164/2226
Fax: 06164/809
info@treuschs-schwanen.com
www.treuschs-schwanen.com

mit Flaschengärung. Äpfel verwandeln sich in Liköre verschiedener Art und Aperitif- und Dessertweine. Destilliert ergibt die paradiesische Frucht Apfelbrände und Apfelwasser feinster Güte.

Und selbstverständlich spielen der Apfel und alle seine flüssigen Arten bedeutende Rollen in der hessischen Küche, die Hauptrolle gar bei den Veranstaltungen wie den Kulinarischen Apfelwochen im September in den Gaststätten und Restaurants an der Hessischen Apfelwein- und Obstwiesenroute; zum Beispiel in Schuch´s Restaurant in Alt-Praunheim, in dem das ganze Jahr eine kreative Apfelküche gepflegt wird und im Oktober die Kulinarischen Apfelwochen veranstaltet werden; Kulinarische Apfelweinabende, die launig kommentiert und moderiert werden, gibt es hier auch.

Im Odenwald-Gasthaus Johanns-Stube in Reichelsheim wird eine raffinierte Odenwälder Regionalküche aufgetischt. Bei den Apfelweinverkostungen gibt es mehr als 15 verschiedene Apfelwein-Spezialitäten – sortenreine und Apfelweine mit Quitten und Birnen, diverse Apfelsherrys.

Claus Viering richtet die klassischen hessischen Gerichte auf feinste Art an. Seine Apfelwein-Menüs zelebriert er mit den Apfelwein-Spezialitäten der Bischofsheimer Kelterei Jörg Stier. Wo? Im Gasthaus Adler, Alte Rathausstraße 2 in Hanau-Mittelbuchen.

Kelterei Jörg Stier
Am Kreuzstein 25
63477 Maintal-Bischofsheim
Tel.: 06109/65099
Fax: 06109/771336
infos@kelterei-stier.de

Apfelladen
Öffnungszeiten
Mo.–Do. 10–12 und 15–18.30 Uhr, Fr. 9–19 Uhr, Sa. 10–14 Uhr

Jörg Stier keltert nicht nur exzellente Apfelweine und Apfelschaumweine, er bietet in seinem Apfelladen noch andere Köstlichkeiten an und veranstaltet Seminare und Apfelweinabende

Burgen & Schlösser

Der langen und reichen Geschichte verdankt Hessen eine Vielzahl von sehenswerten Burgen und Schlössern. Manches Märchen rankt sich um die Mauern der historischen Bauwerke. Romantische Ausflugsziele sind die Ruinen, die von der Vergänglichkeit oder der menschlichen Zerstörungskraft künden. Die Genießer pilgern zu den Burgen und Schlössern, die heute als Restaurants oder Hotels der Gastlichkeit dienen.

Eine kleine Auswahl dieser historischen Stätten quer durchs schöne Hessenland ist hier vorgestellt; Vollständigkeit würde ein ganzes Buch füllen. Die vielfältigen Angebote und die vornehmen Annehmlichkeiten verführen zum Genuss. Überall sorgen Burgherren und Burgfräuleins, dienstbare Schlossgeister und Küchenmeister dafür, dass der Aufenthalt in hessischen Burgen und Schlössern zum unvergesslichen Erlebnis wird.

Dornröschenschloss Sababurg

Es war einmal, dass es auf der Sababurg nicht genug Geschirr und Besteck gab. Als zur Geburt des Königskindes also nur zwölf der weisen Frauen eingeladen wurden, verwünschte die dreizehnte Frau das Mädchen. Die Geschichte, von den Märchenbrüdern Grimm erzählt, ist bekannt: Als das Kind zu einem schönen Mädchen herangewachsen war, wurde es von einer Spindel gestochen und verfiel danach in einen tiefen Schlaf. Das Schloss wurde von Rosen überwuchert und eines Tages kam ein Prinz und erweckte Dornröschen mit einem innigen Kuss.

Das Schloss im Reinhardswald liegt 15 Kilometer von Hofgeismar entfernt. Es wurde 1334 erbaut, 1810 aufgegeben, verfiel und überwucherte. Mitte des vorigen Jahrhunderts wurde es von der Familie Koseck wachgeküsst und restauriert zu einem märchenhaften Hotel mit Café und Restaurant, im Burggarten blühen Renaissanceblumen und Rosen.

Dornröschenschloss Sababurg
Im Reinhardswald
34369 Hofgeismar
Tel.: 0 56 71/80 80
Fax: 0 56 71/80 82 00
dornroeschenschloss
@sababurg.de
www.dornroeschenschloss.de

DZ ab € 148,– für 2 Pers.

Arrangement „Träumen in Dornröschens Himmelbett" mit 2 Übernachtungen und vielen Extras € 810,– für 2 Pers.
Großes Veranstaltungsprogramm
Ruhetage Jan. – Mitte März So. abends, Mo. und Di., Mi. mittags

Hotel Schloss Wolfsbrunnen

Der Königliche Kammerherr und Landrat Alexander von Keudell erbaute mit der Mitgift seiner Frau Luise, Tochter des Industriellen Karl Henschel aus Kassel, von 1904 bis 1906 das Schloss am Hang des Großen Dachsbergs oberhalb des alten Wolfsbrunnens, über Werra und Werratalsee.

Das Neorenaissance-Schloss im weitläufigen Park, etwa fünf Kilometer östlich von Eschwege entfernt, ist über die A4 oder die A7 schnell zu erreichen.

Schon beim Anblick von Schloss Wolfsbrunnen mit seinem Turm, den Giebeln, Erkern, Balkonen und der einladenden Schlosstreppe beginnt der Genuss. Die Zimmer im Schloss steigern sich in Ausstattung und Preis vom Söllerzimmer über Hofkemenate und Belle-Etage bis zum Fürstenzimmer.

Schloss Wolfsbrunnen; Seite 50/51: Braunfels

mer, zum Aperitif lädt der Schlossherr dann in den Schlossgewölbekeller ein, es folgt ein festliches Fünf-Gänge-Menü im Burgrestaurant. Auf Wunsch klingt der Abend in der Treffurtstube aus. Der nächste Tag beginnt mit einem Schlossfrühstück.

Die Schlossküche bereitet die feinen Gerichte mit Zutaten aus den Wäldern und von den Weiden der Region zu. So stehen auf der Speisekarte zum Beispiel das Zarte vom Rehrücken, geschmorte Rehkeule, Kaninchenrücken, Lammcarrée, Kalbsfilet und köstliche Beilagen.

Schloss Spangenberg
Hotel Restaurant
34286 Spangenberg
Tel.: 0 56 63/9 39 80
Fax: 0 56 63/75 67
Hotel.Schloss.Spangenberg
@t-online.de
www.schloss-spangenberg.de

EZ ab € 64,–
DZ ab € 99,–

Arrangements
Schloss-Erlebnis
ab € 220,– für 2 Pers.
Wochenendarrangement
ab € 170,– pro Pers.

HERLESHAUSEN-HOLZHAUSEN

Hotel Hohenhaus

Eine ehemalige Schlossremise, vereint mit neuer Architektur und First Class-Ausstattung, ist eines der schönsten Landhotels in Deutschland. Einige Zimmer des Relais & Châteaux Hotels befinden sich im benachbarten Gutshaus. Der Blick von den Zimmern geht in den von Linden umsäumten Gutshof oder ins Tal der Blutbuchen. Im Hotel gibt es ein beheiztes Schwimmbad, Sauna und Solarium; Massagebehandlungen können vereinbart werden. Beim Hotel ist ein Tennisplatz, Golf kann auf dem Gelände des romantischen Ritterguts Willershausen gespielt werden. Die schöne Landschaft um Hohenhaus lädt ein zum Spazieren und Wandern.

Neben all diesen Vorzügen, dem Komfort und der Gastfreundschaft gibt es noch einen Grund, den Weg nach Holzhausen zu finden. Das ist der Sternekoch Achim Schwekendiek, im Hotel Hohenhaus der Herr über Herd, Töpfe und Pfannen.

Den Weg zu finden ist nicht schwer. Die A4 führt vom Kirchheimer Dreieck über Bad Hersfeld weiter durch Thüringen und Sachsen. Auf dieser Autobahn ist die Ausfahrt Herleshausen zu nehmen, um von hier wieder ein Stück Richtung Bad Hersfeld zu fahren, nach vier Kilometern kommt die Ausfahrt Wommen, hier wird die Autobahn verlassen, die Straße rechts führt durch Nesselröden, nach nur drei Kilometern ist das Ziel erreicht.

Verlockend sind die Hohenhaus-Arrangements. Zum Beispiel das „Kulinarische Arrangement" mit zwei Übernachtungen, Frühstück vom reichhaltigen Landbuffet, einem viergängigen Hohenhaus-Menü und dem sechsgängigen Feinschmecker-Diner vom Sternekoch Achim Schwekendiek.

Ein „Erholsames Landwochenend-Arrangement" umfasst auch zwei Übernachtungen mit Frühstück, am Freitagabend wird ein regionales Vier-Gänge-Menü serviert, am nächsten Morgen geht es mit der Kutsche auf eine Landpartie, im Picknickkorb sind hausgemachte Leckereien und Schlemmereien, dazu eine halbe Flasche Champagner. Am Abend stimmt ein Aperitif auf das sechsgängige Feinschmecker-Diner von Achim Schwekendiek mit den korrespondierenden Weinen ein.

Im Frühjahr und im Herbst werden von Freitag bis Sonntag Feinschmecker-Galas veranstaltet. Ein Gastwinzer stellt seine Weine vor. Ein regionales Menü kreiert Achim Schwekendiek, das Gala-Diner wird von einem eingeladenen Spitzenkoch zubereitet.

Zu den besonderen Arrangements, die hier nicht alle erwähnt werden können, zählen auch die Kochseminare für Feinschmecker. Der Sternekoch Achim Schwekendiek vermittelt anschaulich Menü- und Gestaltungskunde und wie man die Frische der Ware beurteilt. Mit ausführlichen Erklärungen wird ein Menü zubereitet. Beim Fünf-Gänge-Gala-Diner mit Weinprobe wird über die Harmonie zwischen Wein und Speisen diskutiert. Beim zweitägigen Seminar gibt es zusätzlich ein dreigängiges regionales Menü mit korrespondierenden Weinen, ein Kurzseminar zu einem aktuellen Küchenthema, eine Verkostung von Leckereien aus der Landküche, ein festliches Abendessen mit korrespondierenden Weinen, schließlich eine Kochfibel und ein Zertifikat.

Zum Schluss noch ein Blick in die mit literarischen Zitaten verzierten Speisekarten (zum Beispiel Wolfram Siebeck: „Hat er die Speisekarte in der Hand, ist für den passionierten Esser der erste Höhepunkt des gastronomischen Abenteuers gekommen.“), die sich nach dem Angebot der frischen, saisonalen Produkte ändert, um eine Vorstellung von den Kochkünsten Schwekendieks zu erahnen. Das Hohenhaus-Menü: Lauwarmes Kalbskopfcarpaccio mit Flusskrebsen / Kross gebratener Saibling mit karamellisiertem Chicorée / Sautierte Froschschenkel mit Rucolapüree und Auberginen / In Kräutern gebratener Hohenhaus-Lammrücken mit Tomatenconfit und Bohnenchartreuse / Halbflüssiger Schokoladenkuchen mit Brombeersorbet.

Hotel Hohenhaus
37293 Herleshausen-Holzhausen
Tel.: 0 56 54/98 70
Fax: 0 56 54/13 03
hohenhaus@t-online.de
www.hohenhaus.de

EZ ohne Frühstück ab € 110,–
DZ ohne Frühstück ab € 170,–

Arrangements
Kulinarisches Arrangement
€ 360,– pro Pers.
Erholsames Landwochenende
€ 460,– pro Pers.,
ab vier Personen je € 430,–
Feinschmecker-Gala
€ 600,– pro Pers.
Feinschmecker-Kochseminare,
1 Tag mit 1 Übernachtung € 400,– pro Pers., 2 Tage mit 2 Übernachtungen € 600,– pro Pers.

Göbel´s Schlosshotel „Prinz von Hessen“

Eingebettet in weite Wälder, die zum Schlendern und Wandern verführen, liegt das Fachwerkdorf Friedewald östlich von Bad Hersfeld. Etwa elf Kilometer von der Kur- und Festspielstadt entfernt an der A4.

Das Schloss, entstanden aus einer Wasserburg des 14. Jahrhunderts, wurde zum Teil im Siebenjährigen Krieg (1756-1763) in Brand geschossen und ruiniert. In der Schlossanlage befindet sich das feine Schlosshotel „Prinz von Hessen“; die Sterne, die das Hotel auszeichnen, sind „5 Sterne – zum Greifen nah“.

Das Angebot der Zimmer reicht von Komfortzimmern über Maisonette-Suiten bis zu den Suiten, die passend zu ihren Namen eingerichtet und dekoriert sind: „Freischütz“, „Rosenkavalier“, „Wiener Blut“, „Wallenstein“ und „Prinz von Hessen“, wo schon das schwedische Königspaar nächtigte.

Auch das gastronomische Angebot lässt keine Wünsche offen. Die Prinzenstube ist als Gourmet-Restaurant weithin berühmt. Chef der Schlossküche ist José Estevez, der aus hochwertigen und frischen regionalen und internationalen Edelprodukten seine gerühmten Gerichte kreiert. Aus einer Restaurant-Kritik: „Ein bestens zubereiteter Strudel von Friedewalder Blutwurst, Kartoffel-Meerettich-Püree und Senfsauce. Auf den Punkt gebraten die Rotbarbe auf Kaiserschoten mit einem Basilikum-Dressing. Top das gefüllte Wachtelkeulchen mit Gänsestopfleber, Lauchkompott und einer Trüffelsauce, Trüffeln und gedünsteten Apfelscheibchen. Exzellent die Steinbuttroulade mit Hummer gefüllt und Champagner-Kaviar-Schaum. Zum Abschluss Mandelblätter mit hessischem Schmandmus und Walderdbeeren gefüllt."

Göbel´s Schlosshotel pflegt einen Kulinarischen Jahreskalender. Zusätzlich zu den Gerichten, die auf der Speisekarte verzeichnet sind, kommen saisonale Spezialitäten aus der Region und aus aller Welt auf den Tisch. Im Kalender stehen auch „Josés Küchengeheimnisse", ein Kochkurs mit José Estevez.

Ein Ort für Feinschmecker ist auch das mit Märchenmotiven geschmückte Prinzesscafé mit der Schlossterrasse; hier werden die Köstlichkeiten aus Confiserie und Patisserie, Eis-, Schokolade-, Kaffee- und Teespezialitäten serviert. Nachmittags gibt es zudem kleine feine Speisen.

Andere Orte des lukullischen Vergnügens in Göbel´s Schlosshotel sind das Restaurant Schlossgarten mit regionalen Köstlichkeiten und die rustikale Schlossschänke.

Wer den Gaumenfreuden frönt, fühlt sich in Friedewald ebenso wohl wie die Gäste, die Wellness und Fitness suchen, dabei aber auf kulinarische Genüsse nicht verzichten wollen. Der Wellnessbereich umfasst ein großes Schwimmbad, verschiedene Saunen, Dampfbad, Sanarium, Whirlpool, Erlebnisduschen. Im Beautybereich „Cinderella“ gibt es verschiedene Anwendungen, Bäder, Massagen und Behandlungen – sowohl für sie als auch für ihn.

Die attraktiven Hotel-Arrangements umfassen – um nur zwei zu nennen – Gourmet- und Romantik-Wochenenden wie auch – zum Beispiel – „Vital-aktiv“ mit zwei Übernachtungen, Ernährungsberatung, Massage, unbegrenztem Aufenthalt im Schwimmbad und Wellnessbereich und manchem Extra; oder „Relaxing pur“ mit drei Übernachtungen und vielerlei Anwendungen.

Das Gourmet-Wochenende bietet zwei fürstliche Übernachtungen im Schlosszimmer mit Gourmet-Frühstück, ein Vier-Gänge-Surprise-Dinner und ein Sechs-Gänge-Menü „Prinz von Hessen“ bei Kerzenschimmer, einmal Kaffee und Kuchen im Prinzesscafé und unbegrenzten Aufenthalt im Schwimmbad und in der Saunalandschaft.

Das Romantik-Wochenende mit zwei Übernachtungen in einer Schloss-Suite, mit Candle Light Dinner und Gourmet-Dinner und vielerlei Extras sollte zu zweit erlebt werden.

Göbel´s Schlosshotel
Prinz von Hessen
Schlossplatz 1
36289 Friedewald
Tel.: 0 66 74/9 22 40
Fax: 0 66 74/9 22 42 50
info@goebels-schlosshotel.de
www.goebels-schlosshotel.de

EZ ab € 98,–
DZ ab € 94,– pro Pers.

Prinzesscafé
Öffnungszeiten tägl. 11-18 Uhr.

Prinzenstube
Öffnungszeiten
12 – 14, 18 – 21.30 Uhr,
Mo. und Di. Ruhetag, Jan. und Juli geschlossen.

Arrangements
Gourmet-Wochenende
ab € 265,– pro Pers.
Romantik-Wochenende
ab € 355,– pro Pers.
Vital-aktiv
ab € 369,– pro Pers.
Relaxing pur
ab € 559,– pro Pers.

Schloss Braunfels und das Schloss-Hotel

Auf der A 3 von Westen sich nähernd, bei Limburg weiter auf der B 49, auf der A 45 von Osten sich nähernd, bei Wetzlar weiter auf der B 49 oder über Solms ist Braunfels zu erreichen.

Hoch über der Altstadt mit ihren vielen historischen Sehenswürdigkeiten thront das große Schloss. Es wurde 1246 erstmals als Castellum Bruninfels der Solmser Grafen erwähnt. Jede Generation erweiterte das Bauwerk, nach dem Brand im Jahr 1679 erfolgte der Wiederaufbau. 1742 wurde der Graf Friedrich-Wilhelm in den Fürstenstand erhoben, Braunfels wurde zum Fürstentum. Schon seit Mitte des 19. Jahrhunderts sind Teile des Schlosses als Museum zu besichtigen. Von 1880 bis 1887 ließ Fürst Georg das Schloss umbauen, es erhielt seine endgültige Gestalt als romantisches Märchenschloss.

Das Schloss, zu dem der Tiergarten Braunfels gehört, ist in fürstlichem Familienbesitz. Das Familienmuseum, Schlossführungen, ein museumspädagogisches Angebot und kulturelle Veranstaltungen dienen dem kulturellen Genuss. Im Schloss lädt das Schloss-Café ein.

Das Schloss-Hotel befindet sich nicht im Schloss. Das historische Gebäude mit dem stattlichen Wohnturm erhebt sich am Eingang des Kurparks. Der Weg von hier zum Schloss führt über den Marktplatz und durch die „Unterste Pforte“.

Fürst zu Solms-Braunfels´sche Rentkammer
Belzgasse 1
35619 Braunfels
Tel.: 0 64 42/50 02
Fax: 0 64 42/53 06
info@schloss-braunfels.de
www.schloss-braunfels.de

Schloss-Hotel Braunfels
Hubertusstr. 2
35619 Braunfels
Tel.: 0 64 42/30 50
Fax: 0 64 42/30 52 22
info@ schloss-hotel-braunfels.de
www.schloss-hotel-braunfels.de

EZ ab € 58,–
DZ ab € 86,–

Schloss-Hotel Braunfels

Im Hotel verbinden sich stilvolles Ambiente mit modernem Komfort. In der Küche werden vorzügliche Gerichte mit regionalen Spezialitäten zubereitet.

Kronenschlösschen

Im Eltviller Stadtteil Hattenheim, malerisch zwischen Erbach und Oestrich am Rhein und an der Rheingauer Riesling Route, der B 42, gelegen, erhebt sich das schmucke Kronenschlösschen in einem Park. Es scheint einem romantischen Traum entsprungen. Das gegen Ende des 19. Jahrhunderts erbaute Kronenschlösschen ist heute eines der zehn schönsten deutschen Landhotels.

Die 18 Zimmer und Suiten bieten ein extravagantes Ambiente mit kostbaren Accessoires und Antiquitäten; die zugehörigen Bäder sind selbstverständlich aus Marmor.

Der große Rheinsaal ist mit romantischen Rheingauer Wandmalereien geschmückt. Zum Tafeln oder Tagen laden auch der Gelbe und der Rote Salon und die rustikale Weinstube ein.

Einen wesentlichen Teil zum Erlebnis Kronenschlösschen trägt die exquisite Küche bei. Küchenchef ist Patrik Kimpel; der Aufsteiger des Jahres 1993 und Repräsentant des Kreises „Jeunes Restaurateurs d´Europe", in den Köche aufgenommen werden, die mit Talent und Passion begabt sind.

Ein Sieben-Gänge-Menü als Beispiel: Tatar von Taschenkrebs und Avocado mit Basilikumsorbet / Bretonische Jakobsmuscheln mit Orangen-Tomaten und weißem Thymian-Tomatenschaum / Loup de mer mit Räucherfischbrandat und Fenchel-Paprikaöl / Kaninchenspieß auf Steinpilzpolenta im Olivensud / Taubenkotelett auf jungem Wirsing mit Trüffeljus und Schupfnudeln / Brillat-Savarin mit Kompott von Trauben und schwarzen Nüssen / Pfirsich-Champagnersüppchen mit Mandel-Krokantparfait und gebackenem Schokoladenkrustel.

Ohne Jakobsmuscheln und ohne Kaninchenspieß reduziert sich dieser Schmaus zum Fünf-Gänge-Menü.

Die Weine, die ausgeschenkt werden, stammen zum Teil aus dem Rheingau, die Roten vom Weingut Krone Assmannshausen.

Kronenschlösschen
Hotel Restaurant Bistro
Rheinallee
65347 Eltville-Hattenheim
Tel.: 0 67 23/6 40
Fax: 0 67 23/76 63
info@kronenschloesschen.de
www.kronenschloesschen.de

EZ ab € 125,–
DZ ab € 135,–

Gourmet-Wochenende
mit 1 Übernachtung im DZ, Frühstücksbuffet und 5-Gänge-Candle-Light-Dinner ab € 155,– pro Pers.
mit 2 Übernachtungen im DZ, Frühstücksbuffet, 3-Gänge-Bistro-Menü und 5-Gänge-Candle-Light-Dinner ab € 270,– pro Pers.

Parkhotel Herrenhaus

Von Auerbach an der B 3, der Bergstraße, und der parallelen A 5 führt die Straße nach Osten; links geht es den Berg hinauf zum Schloss Auerbach, rechts hinein zum Staatspark Fürstenlager.

Wie einst Kranichstein war das Fürstenlager eine Sommerresidenz der Darmstädter Landgrafen und späteren Großherzöge. Heute ist der Staatspark Fürstenlager ein beliebter Ausflugsort.

Eine heilkräftige Quelle wurde 1739 in den Guten Brunnen gefasst, verschlämmte aber im Jahr darauf. Eine erneute Steinfassung des Brunnens 1766 belebte den Kurbetrieb aufs Neue. Ein Gebäudeensemble entstand mit Herrenhaus, Damenbau, Prinzenbau, Kavalierbau, Wache, Wirtschaftsgebäuden. Die

Im Hintergrund das Parkhotel, vorn der Freundschaftstempel, 1824 von den Prinzen Ludwig und Emil für ihre Mutter, die Großherzogin Luise, errichtet

Pläne für den Kurbetrieb wurden nicht verwirklicht, das Tal wurde zu einem Lustgarten umgewandelt.

Das Herrenhaus, 1790 bis 1792 errichtet, ist ein zweistöckiges Gebäude und etwas vom Dörfchen der anderen Bauten abgesetzt. Es dient nun als Hotel – es gibt ein Einzel-, vier Doppelzimmer, vier Suiten – und bietet dem „Hessen à la carte" Restaurant Raum. Die Familie Patzelt kümmert sich liebevoll um ihre Gäste. So werden zum Beispiel die Menüs für Kinder bevorzugt serviert, ohne die Speisenfolge der am Tisch sitzenden Erwachsenen zu beachten; es sei denn, es wird ausdrücklich anders gewünscht.

Das Küchenteam steht unter Leitung von Helmy Patzelt. Eine feine, frische Küche mit eigenen Rezepturen wie auch historische Zubereitungen werden gepflegt. Die Weinempfehlungen sind ausgezeichnet. Vornehmlich von der Hessischen Bergstraße stammen die Vorräte im gut sortierten Weinkeller, den einst der Großherzog eingerichtet hatte.
So wie die Speisen frisch zubereitet sind, sind die Kuchen selbstgemacht. Bei schönem Wetter wird auch auf der großen Sonnenterrasse vor dem Herrenhaus serviert.

Parkhotel Herrenhaus
im Staatspark Fürstenlager
64625 Bensheim-Auerbach
Tel.: 0 62 51/7 09 00
Fax: 0 62 51/7 84 73
Parkhotel-Herrenhaus
@t-online.de
www.parkhotel-herrenhaus.de

EZ ab € 80,–
DZ ab € 125,–
Suiten ab € 165,–

Gast im Schloss Arrangements mit 1 Übernachtung und vielen Extras
€ 290,– für 2 Pers.

Öffnungszeiten
des Restaurants
tägl. 12 – 19 Uhr, Abendessen auf Vorbestellung

Schloss-Hotel auf der Burg Hirschhorn

Schon die Fahrt zur romantischen Neckarstadt im Süden Hessens ist ein Erlebnis. Von Heidelberg, zu erreichen über die Autobahn oder die Bergstraße, oder von Eberbach kommend, zu erreichen über die B 45 durch den Odenwald, führt die Straße – zugleich als „Burgenstraße" – am Neckar entlang.

Hirschhorn, „die Perle des Neckartals", wurde von Theodor Heuss, dem ersten Bundespräsidenten, als „das Glück im Neckarwinkel" bezeichnet. Das mittelalterliche Städtchen ist von einer Stadtmauer umgeben, die mit der Burgmauer verbunden ist. Auf dem Berg thront die Burg- und Schlossanlage, die seit etwa 1200 von den Rittern von Hirschhorn erbaut wurde. Hoch ragt der Bergfried auf. In der Burgkapelle lassen sich Paare trauen, die im Schloss Hochzeit feiern. Im Renaissance-Palas und im Marstall befinden sich die Hotelzimmer und Suiten. Von der Terrasse reicht der Blick weit über das Neckartal und den Odenwald.

Die Familie Oberrauner, die Hotel und Restaurant betreibt, verwöhnt gern die Gäste. Die Speisen werden aus frischen Produkten der Saison zubereitet. Aus den wildreichen Wäldern der Umgebung stammt das Wild, das auf Burg Hirschhorn zu köstlichen Spezialitäten zubereitet wird. Die Kuchen und Torten kommen aus der eigenen Konditorei.

Schloss-Hotel auf der Burg Hirschhorn
69434 Hirschhorn
Tel.: 0 62 72/9 20 90
Fax: 0 62 72/32 67
info@castle-hotel.de
www.castle-hotel.de

EZ ab € 63,–
DZ ab € 110,– für 2 Pers.

Öffnungszeiten des Restaurants
ab 12 Uhr
Mo. Ruhetag von Febr. – Ostern und Okt. – Dez.
Hotel und Restaurant sind geschlossen Mitte Dez. – Ende Jan.

Überall im Hessenland verwöhnen kreative Köchinnen und Köche ihre Gäste. Mal mit frischen regionalen Gerichten, mal mit internationalen oder exotischen Speisen. Der Vielzahl der Gaststätten und Restaurants könnte nur ein dickes Buch Rechnung tragen. So wird hier eine kleine Auswahl vorgestellt, die vorhergehende und folgende lukullische Stätten und Orte in diesem Buch ergänzen mag.

Dass Essen und Trinken zusammengehören – und wie ein Sprichwort feststellt, Leib und Seele zusammenhalten – ist bekannt. Die das Essen einleitenden, begleitenden und abschließenden Getränke kommen vom Rheingau und der Bergstraße ebenso wie von den Weingütern aus ganz Deutschland, Europa und aller Welt. So treten auch neben das vielgerühmte hessische Bier und die Spirituosen des Landes die Vielzahl verführerischer Getränke von überall her, um hier genossen zu werden.

Hessen für Feinschmecker

Zum Steinernen Schweinchen

Der Sternekoch Jürgen Richter gehört zu den 100 besten deutschen Köchen. Zusammen mit Thomas Nähler hat er sein Traditionshotel in Kassel-Brasselsberg zu einer von Gourmets gerühmten Adresse gemacht. Beide eint das Streben nach Perfektion und höchster Qualität. Kenner lassen sich einen Tisch am Fenster reservieren, um den Panoramablick auf die Kasseler Berge zu genießen - wie die frischen, auserlesenen Produkte in meisterlicher Zubereitung, die auf den Tisch kommen.

So wie die Küche keine Wünsche offen lässt, bietet der Weinkeller über 480 Weine aus den besten Lagen der ganzen Welt. Verschiedene Biere stehen auf der Getränkekarte wie auch über 200 verschiedene Spirituosen.

Der Flügel ist keine Zierde des Restaurants; am Mittwoch und Freitag gibt es Live-Musik.

Zum Gourmet-Restaurant Zum Steinernen Schweinchen gehören auch ein Restaurant mit mediterraner Küche und „Cassels rustikale Hausbrauerei Kleines Schweinchen“ mit dem Braustübchen und der Kaminstube, in der Grillspezialitäten am offenen Kamin zubereitet werden.

Zum Steinernen Schweinchen
Hotel Restaurant Café
Konrad-Adenauer-Str. 117
34132 Kassel
Tel.: 05 61/94 04 80
Fax: 05 61/94 04 85 55
info@steinernes-schweinchen.de
www.steinernes-schweinchen.de

Öffnungszeiten
Küche 12–14 Uhr, 18–22 Uhr
kein Ruhetag

Kleines Schweinchen
Konrad-Adenauer-Str. 117 B
34132 Kassel
Tel.: 05 61/400 24 05

Öffnungszeiten
Mo.–Sa. ab 17 Uhr

Gasthaus Alte Apotheke

Etwa 30 Kilometer südlich von Kassel liegt das Fachwerkstädtchen Melsungen. Eine mittelalterliche Brücke führt über die Fulda. In der Brückenstraße gab es einst die alte Apotheke. Heute werden hier nicht nach alten Rezepturen sondern nach neuen Rezepten Mittel bereitet, die Leib und Seele zusammenhalten.

Denn Frank Schicker ist der Koch im Gasthaus Alte Apotheke. Er ist einer der berühmten deutschen jungen Spitzenköche, vereinigt in der Gemeinschaft „Jeunes Restaurateurs d´Europe“ und bestätigt die Feststellung, die der französische Champagner-Botschafter Henri Francois-Poncet getroffen hat: „Was die Kochkunst angeht, so kann Gott heute getrost in Deutschland leben“.

Schickers außergewöhnliche Küche, beeinflusst durch die heimatliche Region und seine Wanderjahre in Europa, bietet Traditionelles und Besonderes. Im Sommer sitzen die Genießer gern auf der Terrasse im Innenhof des Fachwerkensembles. Übrigens: Die hausgemachten Trüffel aus eigener Herstellung sind des höchsten Lobes sicher.

Gasthaus Alte Apotheke
Brückenstr. 5
34212 Melsungen
Tel.: 0 56 61/73 81 18
Fax: 0 56 61/73 81 12
info@alte-apotheke-melsungen.de
www.alte-apotheke-melsungen.de

Öffnungszeiten
Restaurant
Mo. – Sa. 18.30 – 23 Uhr,
Ruhetag So.
Bistro
Di. – Sa. 12 – 14 Uhr
Ruhetag So. und Mo.

Seite 72/73: Restaurant Ente im Hotel Nassauer Hof, Wiesbaden

Goldener Karpfen

Die barocke Bischofsstadt Fulda im Osten Hessens hat Kulturdenkmälder aus einer 1250 Jahre währenden Geschichte zu bieten. Zu Stadtbummel und Kulturgenuss gesellt sich das kulinarische Erlebnis – am Simpliziusbrunnen in der Stadtmitte im Restaurant des Romantik-Hotels Goldener Karpfen. Die

Inhaber sind die Geschwister Tünsmeyer, seit 1904 ist der Karpfen in Familienbesitz.

Unter der Regie von Mathias Klein-Arnd werden moderne, leichte und trotzdem aromenstarke Gerichte mit leicht asiatischen Akzenten angeboten. Eine große Getränke- und Weinauswahl begleitet die Kreationen aus der Küche.

Goldener Karpfen
Romantik-Hotel Restaurant
Simpliziusbrunnen 1
36037 Fulda
Tel.: 06 61/8 68 00
Fax: 06 61/86 80 100
goldener-karpfen
@romantikhotels.com
www.hotel-goldener-karpfen.com

Öffnungszeiten
des Restaurants
täglich 11 – 23 Uhr
kein Ruhetag

Tandreas´ Restaurant

Die mittelhessische Stadt Gießen ist für Gourmets ein Begriff – dank Tandreas´. Wem das spanisch oder griechisch vorkommt, dem sei verraten, dass Tanja und Andreas Gerlach, einer der jungen deutschen Spitzenköche der Gemeinschaft „Jeunes Restaurateurs d´Europe“, nicht nur ihre Kochkünste, sondern auch ihre Namen vereint haben.

Die Feinschmecker, die sich im Tandreas´ zum Beispiel mit Taubenbrust auf Vanillemöhrchen oder mit Limousin-Lammrücken in Rosmarinsauce verwöhnen lassen, nehmen die kurzen Betriebsferien, die sich die Gerlachs gönnen, gern hin. Denn danach ist mit neuen Kreationen aus der Küche zu rechnen.

Tandreas´ Restaurant
Licher Str. 55
35394 Gießen
Tel.: 06 41/9 40 70
Fax: 06 41/9 40 74 99
tandreas-giessen@t-online.de
www.tandreas.de

Öffnungszeiten
Gourmet-Restaurant
Di. – Sa. 18.30 – 22 Uhr
Bistro
Mo. – Sa. 18 – 22.30 Uhr
Ruhetag So.
Betriebsferien
1 Woche im Jan., 3 Wochen im Sommer

Sänger´s Restaurant

Die Stadt vor der Höhe der Taunusberge ist beliebtes Ziel von Ausflüglern und Kurgästen. Nach Besichtigung des Homburger Schlosses, der Ausstellung im Sinclair-Haus, nach einem Bummel durch den Kurpark mit seinen vielen Brunnen und Denkmälern ist der Appetit groß. Den Kurpark entlang zieht sich die Kaiser-Friedrich-Promenade. Und hier ist das Ziel der Feinschmecker, das Sänger's.

Klaus Sänger ist seit langem für seine einfallsreiche Küche bekannt, in der bewusst nach der Klassischen Schule mit frischen Produkten aus Wald und Flur, Fluss und Meer gekocht wird – schnörkellos und frei von modischen Kapriolen. Es sind feines Fleisch, edle Fische und Krustentiere, die zusammen mit jungem Gemüse und handwerklicher Perfektion zu Kompositionen werden, die zuerst das Auge und dann den Gaumen erfreuen.

Sänger´s Restaurant
Kaiser-Friedrich-Promenade 85
61348 Bad Homburg v. d. Höhe
Tel.: 0 61 72/92 88 39
Fax: 0 61 72/92 88 59
www.Saengers-Restaurant.de

Öffnungszeiten
Mo. – Sa. 19 – 23 Uhr, mittags auf Reservierung
So. Ruhetag

Restaurant Tristan

Der Name verdankt sich nicht einem der Helden von Richard Wagner. Also sind keine schweren Klänge und tiefes Pathos zu erwarten. Zum Glück trägt das beliebte Restaurant im südwestlichen Stadtteil seinen Namen wegen des Kochs, der Tristan Herrle heißt.

Was im Tristan auf den Tisch kommt, wird als Crossover-Küche bezeichnet. Wer also auf appetitliche Abenteuer aus ist, isst hier richtig.

Als ein Beispiel sei die Ente aus dem Rohr erwähnt. Wer das liebe Federvieh bislang nur mit Rotkraut und Klößen kannte, wird sich freuen, dass die knusprige Kreation mit grünem Curry und Kokosmilch zubereitet wird.

Restaurant Tristan
Wiesbadener Str. 216a
61462 Königstein im Taunus
Tel.: 0 61 74/92 85 25
Fax: 0 61 74/96 88 80
info@restaurant-tristan.de
www.restaurant-tristan.de

Öffnungszeiten
Di. – Sa. 18 – 1 Uhr, So. 12 – 1 Uhr
Mo. Ruhetag

M

Feinschmecker wissen: In Wiesbaden gibt es die Ente und die Orangerie im Nassauer Hof und Gollner. Zu diesem Dreigestirn hat sich seit geraumer Zeit ein neuer Stern gesellt: das M.

Das M kommt von Markus Seegert, der lange die Welt bereist und gelernt hat, international zu kochen ohne seine österreichischen Wurzeln zu verleugnen. Zusammen mit Bernhard Weber, der mit guter Laune für die Zufriedenheit der Gäste sorgt, betreibt er in exklusivem Ambiente das charmante und gemütliche M – Restaurant, Bar und Lounge im Hotel de France.

Seegert und Weber, die sich von ihrer gemeinsamen Zeit bei Gollner kennen, bekennen: „Herz und Seele sind die Basis, langjährige Erfahrungen die Zutaten." Die anderen Zutaten sind sehr gute Produkte je nach Saison und Marktlage, die selbstverständlich frisch zubereitet werden. Die Küche ist international, einen leichten Schwerpunkt bildet das Asiatische, und der österreichische Einschlag ist unverkennbar. Die Weine stammen aus aller Welt. Und die gutbestückte Bar schließt erst, wenn der letzte Gast gegangen ist.

M
Restaurant Bar Lounge
Taunusstr. 49
65183 Wiesbaden
Tel.: 06 11/2 04 87 65
Fax: 06 11/5 31 68 92
Öffnungszeiten
12 – 14.30 Uhr, 18 – 22.30 Uhr
Ruhetag Mo. und So Mittag

Frankfurt für Genießer

Die Metropole am Main ist eine eigene Welt. Und hat deswegen ein eigenes Genießer-Buch verdient. Ludwig Fienhold, fotografisch unterstützt von Barbara Fienhold, hat sich dieser herkulisch-lukullischen Aufgabe mit Lust und Laune gewidmet.

Ludwig Fienhold arbeitet weltweit als kulinarischer Korrespondent, testet für verschiedene Zeitschriften und Zeitungen die besten Hotels und Restaurants in Singapur, Kanada oder Dubai. Als Frankfurter liegt ihm seine Heimatstadt besonders am Herzen. Über ihre genussvollen Seiten berichtet er regelmäßig in einer Kolumne der Frankfurter Neuen Presse.

All die berühmten, bekannten und weniger bekannten Lokalitäten hat er in Augenschein genommen, dort gespeist und getrunken. Seine unbestechlichen Urteile und die eingestreuten Glossen sind mit Genuss zu lesen – im Buch „Frankfurt für Genießer".

Fienholds Aufmerksamkeit gilt den Gourmet-Restaurants Brick im Main-Plaza, Tiger-Restaurant im Tigerpalast, Erno´s Bistro, Villa Merton, Cyrano, Maingau-Stuben. Die Ebbelwei-Gaststätten werden von ihm ebenso besucht und beurteilt wie die beliebten Italiener, die Museumslokale, die Suppenküchen, die Weinläden, das Café Wacker und die Coffeeshops. Die kulinarischen Streifzüge führen Fienhold zum Beispiel über den Römerberg, auf den Opernplatz, durch die Fressgass, in die Kleinmarkthalle und zur Hauptwache. Ausflüge gehen über die Stadtgrenze hinaus.

Die Barbesuche Fienholds gelten selbstverständlich Jimmy´s Bar und Harry´s New York Bar, auch Spirits, Rote Bar, Tigerpalast-Bar werden gebührend gewürdigt wie auch das Scotch & Sofa im Café International.

Da den gescheiten Berichten des Autors nichts hinzuzufügen ist, sei in diesem Hessen-Buch auf einzelne Frankfurter Restaurant-Empfehlungen verzichtet. Bis auf diese Empfehlung: das Fienhold-Buch unbedingt zu erwerben. Dann hat man eine vergnügliche Lektüre und einen unverzichtbaren Ratgeber zugleich.

Ludwig Fienhold
„Frankfurt für Genießer"
224 Seiten mit vielen farbigen Fotos.
Societäts-Verlag
ISBN 3-7973-0860-4
€ 12,80

OFFENBACH AM MAIN

Havana

Der Offenbacher Schlachthof, 1904 mit Backsteinen in neoromanischem und neogotischem Mischstil erbaut, wurde in den 80er Jahren des vorigen Jahrhunderts stillgelegt. Der Schlachthof ist eine bemerkenswerte Sehenswürdigkeit, eines der herausragenden Industriedenkmäler der Region und eine Station auf der Route der Industriekultur, die von Bingen nach Aschaffenburg führt.

In den Hallen, Sälen und Räumen der großen Anlage haben inzwischen ein Hotel, Gewerbebetriebe und das Havana Platz gefunden.

Wer wissen will, wie mit karibischer Freude am Leben gegessen, getrunken, gefeiert wird, fährt nach Cuba oder kommt nach Offenbach.

Havana ist groß – es gibt das Restaurant im Parterre rund um die einladende Bar, einen Nichtraucherraum und die Galerie; bei schönem Wetter noch die Terrasse. Und weil das Havana so beliebt ist, empfiehlt es sich, einen Tisch zu reservieren, wenn man hier schlemmen will.

Die Speisekarte ist üppig, mehr als 150 lateinamerikanische Gerichte sind darauf vermerkt. In der Küche wird viel gesundes Gemüse verarbeitet, das Fleisch wird schonend und mit wenig Fett zubereitet. Die Havana-Spezialitäten sind Rollo, Pan Campesino und Bocadillos. Die Getränkekarte ist umfangreich. Caipirinhia ist zwar modern, aber die Verlockungen sind vielfältig. Die vielen Cocktails sind fantasiereich und fantastisch, sie sind einfallsreich dekoriert und haben es in sich. Der „Che" zum Beispiel ist von revolutionärer Kraft.

Jeden Montag heißt es „Oh Happy Day, Caipi Day", jeden Dienstag ist „Fiesta Trios Rollos" und jeden Mittwoch „Fiesta de Arroz" – und jedesmal preisgünstig.

Havana
Cocktailbar Restaurant
Ernst-Griesheimer-Platz 6 + 7
63071 Offenbach am Main
Tel.: 0 69/85 70 86 28
Fax: 0 69/85 70 86 30
www.havana-restaurants.de
Öffnungszeiten
tägl. 18 – 1 Uhr, Fr. und Sa.
bis 2 Uhr

Landhaus Hotel Waitz

Zwischen Offenbach und Hanau liegt Mühlheim, südlich der Ortsteil Lämmerspiel, und hierher begeben sich die Feinschmecker, die Lust auf eine traditionelle Küche mit modernen Akzenten haben. Der Küchenchef Jan Hendrik Funke und sein Team bereiten kulinarische Köstlichkeiten der feinen, leichten Küche, die in den Restaurants freundlich und aufmerksam serviert werden. Erlesene Weine und Spirituosen werden kredenzt. Dem eleganten Ambiente fügen die künstlichen Schäfchen als Dekoration eine heiter verspielte Note hinzu, gleichsam als Erinnerung an das Ländliche.

„Fledermaus“ ist der Name von Bistro und Bar. Die Happy Hour dauert hier von 22 bis 23 Uhr.

Die Familie Waitz hat noch mehr zu bieten. Es gibt verschiedene Bankett- und Konferenzräume. Und ein große Wellness Center mit Solarium, Trimmrad, Sauna, Whirlpool, Dampfbad und Erlebnisduschen. Um das in Verbindung mit den Köstlichkeiten von Küche und Keller genießen zu können, gibt es am Wochenende WWW: Wellness Wohlfühlen Waitz. Zu den Übernachtungen in einem Deluxe-Doppelzimmer mit Sekt und Obst gehören der Aufenthalt im Wellness Center und auf einem der anliegenden Tennisplätze, Candle-Light-Dinner, Überraschungsmenüs. Ausflüge zu den Sehenswürdigkeiten können unternommen, Termine mit dem Masseur oder der Kosmetikerin vereinbart werden. Zum Abschied nach dem Frühstück werden ein Vitamincocktail serviert und ein Souvenir überreicht.

Landhaus Hotel Waitz
Bischof-Ketteler-Str. 26
63165 Mühlheim-Lämmerspiel
Tel.: 0 61 08/60 60
Fax: 0 61 08/60 64 88
willkommen@hotel-waitz.de
www.hotel-waitz.de

Öffnungszeiten
Restaurant
und Fledermaus Bar ab 17.30 Uhr

WWW
2 Tage € 99,– pro Pers.
3 Tage € 179,– pro Pers.

Landhaus Baur

Die Orte am Fischbach und seinen zufließenden Bächen und Bächlein haben sich zur Gemeinde Fischbachtal zusammengeschlossen – im Odenwald südöstlich von Darmstadt, über die B 38 und B 426 zu erreichen.

Inmitten einer zauberhaften Natur, in der Fische, Schafe, Wild und anderes Getier ebenso wie Kartoffeln, Gemüse und Kräuter vortrefflich gedeihen, lädt das Landhaus Baur die Genießer ein. Das Landhaus im Jugendstil liegt idyllisch dem Renaissanceschloss Lichtenberg gegenüber.

Für die Küche im weithin bekannten und gerühmten Landhaus ist Albert Baur verantwortlich, der die Regionalküche raffiniert verfeinert und mit mediterranen und asiatischen Einflüssen bereichert.

Wer bei dem Wort „Schlachtplatte“ an fettes Fleisch und fette Würste denkt, den belehrt Albert Baur eines genussvoll Besseren. Seine Schlachtplatte besteht aus gesottener Ferkelzunge auf indischen Linsen mit Korianderklößchen, geschmorten Schweinebäckchen mit Trüffel und Thaispargel sowie Blutwurststrudel unter Spinatsabayone.

Zu den Wonnen der Saison, die aus der Küche kommen, gesellen sich vor allem die Weine der Region und aus anderen deutschen Anbaugebieten. Die Obstbrände stammen aus eigener Herstellung. Der freundliche Service unterliegt der fröhlichen Brigitte Baur.

Weil nicht jeder nach dem Genuss der kulinarischen Köstlichkeiten wieder in den Alltag zurückkehren will, ist es gut, dass die Baurs hübsche Zimmer zum Übernachten haben. Und sie machen es ihren Gästen leicht, hier zu bleiben – zum Beispiel mit dem „Das unter der Woche"-Arrangement mit Snack und Drink, Menü und Übernachtung. Oder dem „Wellness-Package" mit Welcome Drink, Besuch eines Day-Spa mit Transfer; Aperitif, Menü, regionaler Weinbegleitung, Kaffee und Hausbrand, Übernachtung.

Familie Baur vom Landhaus

Vor dem Heimweg empfiehlt es sich, einige Souvenirs einzukaufen. So die schon erwähnten Obstbrände, Schinken und Salami von Heidschnucken aus Baur-Haltung – damit sich der Landhaus-Genuss zu Hause fortsetze.

Landhaus Baur
Lippmannweg 15
64405 Fischbachtal
Tel.: 0 61 66/83 13
Fax: 0 61 66/88 41
info@landhausbaur.de
www. landhausbaur.de

Öffnungszeiten
Abendessen ab 18.30 Uhr;
Mittagessen Sa., So., Feiert. ab 12 Uhr
Ruhetag Mo. und Di.

Das unter der Woche Spezial
€ 120,– je Pers.
Wellness-Package
€ 300,– je Pers.

Kreidacher Höhe

Wald-Michelbach im Naturpark Bergstraße-Odenwald ist von Weinheim an der Bergstraße Richtung Osten, von Beerfelden an der B 45 Richtung Westen zu erreichen. Über dem Ort die Kreidacher Höhe, die ihren Namen dem Hotel mit Restaurant und Sonnencafé gegeben hat.

Der Jahreslauf im Restaurant ist durch eine Abfolge kulinarischer Tage und Wochen bestimmt. Das Jahr klingt aus und das neue Jahr beginnt mit der Festtagsküche, die gekennzeichnet ist durch Schalentiere und Wild. Feine Spezialitäten aus Großmutters Küche stehen ebenso auf dem Programm wie die schmackhaften Kreationen von Wintergemüse. Odenwälder Spezialitäten sind selbstverständlich, so auch die eigenen Steakspezialitäten. Den Valentinstag feiern Verliebte auf der Kreidacher Höhe mit Valentinsbrunch und Valentinsmenü. Die Fastnachtsküche wechselt zur Fischküche, die von der ideenreichen Frühlingskräuterküche gefolgt wird. Die Odenwälder Lammwochen werden ebenso gefeiert wie die Spargelzeit. Die frische Sommerküche wird im Herbst durch die Kartoffelwochen und Wildwochen abgelöst. Und immer gibt es aus der Pâtisserie hausgemachte Kuchen und Torten.

Die lukullischen Erlebnisse lassen sich wunderbar mit Erholung vereinen. Verschiedene Arrangements laden zum großen Odenwälder Genuss ein.

Kreidacher Höhe
Hotel Restaurant Sonnencafé
69483 Wald-Michelbach
Tel.: 0 62 07/26 38
Fax: 0 62 07/16 50
info@kreidacher-hoehe.de
www.kreidacher-hoehe.de

Öffnungszeiten
Restaurant
tägl. 12 – 14 Uhr, 18 – 21.30 Uhr
Vesper
mit kalten Speisen zwischen
Mittag- und Abendessen

Wellness, Fitness, Beauty

Hessen ist ein Bäderland. 30 Heilbäder und Kurorte sorgen für die Linderung und Gesundung aller Arten von Leiden und Krankheiten. Und für die Erhaltung der Gesundheit. Genau so wichtig wie gesund zu sein ist es, sich wohl zu fühlen und fit zu sein.

Dank der Einrichtungen in den Kur- und Badeorten und in manchen Hotels werden Wellness, Fitness und Beauty zum Erlebnis und zum Genuss.

Dazu tragen das Ambiente ebenso bei wie die Anwendungen, die Körper, Geist und Seele verwöhnen. Mit neuer Energie und Vitalität kann nun der Alltag gemeistert und die Freizeit genossen werden.

Aus dem reichen Angebot, Wellness, Fitness und Beauty zu erlangen und zu erhalten, findet sich hier eine Auswahl, die Frauen und Männern attraktive Wege weisen zu Wohlbefinden, gesunder Leistungsfähigkeit und betörender Schönheit.

Kurhessen Therme und Habichtswald Klinik Ayurveda

Am Naturpark Habichtswald, unterhalb von Herkules und Schloss Wilhelmshöhe, erstreckt sich das Kurviertel von Bad Wilhelmshöhe. Es ist der einzige Kurbezirk mit einem ICE-Bahnhof. Auch über die A 7, A 44 und A 49 sind Kassel und Bad Wilhelmshöhe schnell zu erreichen.

Die Kurhessen Therme ist ein Thermalsolebad, in dem die vier Elemente – Wasser, Feuer, Luft, Erde – einem Ziel dienen: Körper und Seele wieder ins Gleichgewicht zu bringen. Die Wasserlandschaft erstreckt sich innen und außen auf einer Fläche von 1200 Quadratmetern; es gibt Whirlpools, Quellen, Wasserfälle, Thermalsolebecken, eine Rutsche. Dem Feuer zugeordnet ist die Saunawelt mit Saunen von 45 bis 100 Grad und einem Dampfbad. Die Luft wirkt im großen Außenbereich, in den Sole-Grotten, an den UV-Bräunungsplätzen, in den Vital-Solarien und im FKK-Paradiesgarten. Die Erde bestimmt die

Kurhessen Therme; vorige Seiten: Vila Vita Hotel & Residenz Rosenpark Marburg

Natur und die Gartenlandschaft, ihr zugehörig sind Restaurant und Bistro, wo die Speisen köstlich-knackig und lecker-leicht aus natürlich naturfrischen Zutaten serviert werden, und die Saunabar.

Die Habichtswald Klinik Ayurveda ist direkt mit der Hessen Therme verbunden. In der Klinik wird die westliche Schulmedizin mit der altindischen naturheilkundlichen Ayurveda – „Wissen vom Leben" – vereint. Werner Wilhelm Wicker, der Klinikträger: „Somit sind wir in der Habichtswald-Klinik in der Lage, mit den modernen diagnostischen Möglichkeiten der Schulmedizin und ganzheitlich und naturheilkundlich orientierten und bewährten Therapieverfahren in Synthese mit der Schulmedizin ein Optimum an beweisbaren therapeutischen Erfolgen bei chronisch und zum Teil als schwer oder gar nicht heil- oder linderbar geltenden Erkrankungen anstreben zu können."

Aber Ayurveda-Kuren lassen sich genießen, ohne chronisch oder schwer krank zu sein. Die verführerischen Angebote beginnen mit dem „Schnupperangebot", vier Tage mit vier Übernachtungen, mit ayurvedischer Aufnahmeuntersuchung, kontinuierlicher ärztlicher Betreuung und Abschlussgespräch mit individueller Beratung; zu den Anwendungen gehören eine Ganzkörpermassage Abhyanga, ein Ölstirnguss Shirodhara, zwei ayurvedische Fußmassagen Padabhyanga. Die Fünf-Tage-

Kurhessen Therme
Wilhelmshöher Allee 361
34131 Kassel-Bad Wilhelmshöhe
Tel.: 05 61/3 18 0 80
Fax: 05 61/3 18 08 13
info@kurhessen-therme.de
www.thermen.de

Öffnungszeiten
tägl. 9–23 Uhr; Mi., Fr., Sa.
bis 24 Uhr
Thermalsole-Bewegungsbad
Mo.–Fr. 9–20 Uhr, Sa. 9–13 Uhr
Kneipp- und Bäderabteilung,
Massagen usw.
Mo.–Fr. 9–20 Uhr, Sa. 9–13 Uhr

Eintritt
und Nutzung aller Einrichtungen
1 Std. € 11,–
2 Std. € 13,–
4 Std. € 17,–
Tageskarte € 24,–
preisgünstige 11er und
24er Karten

Angebote gibt es zum Thema „Erholung vom Alltag“ und „Schönheit und Enspannung“. Die „Regenerationswoche“ dauert sieben Tage, „Heilung und Entspannung“ zehn, das „Panchakarma-Heilverfahren“ 14 und das „Panchakarma-Intensiv-Heilverfahren“ mit vielen Anwendungen 21 Tage. Alle diese Angebote enthalten zusätzliche Leistungen: ayurvedische Vollverpflegung, Getränke wie Ayurveda-Tee, Ingwerwasser, Mineralwasser; Yoga, Meditation, Tanz- und andere Kurse, Konzerte; Besuch der Kurhessen Therme, täglich einmal bis zu vier Stunden; Ayurveda- und andere medizinische Vorträge der Klinikärzte, Gesprächsrunden unter ärztlicher Leitung und Ayurveda-Arzt-Sprechstunden.

Habichtswald-Klinik Ayurveda
Wigandstr. 1
34131 Kassel-Bad Wilhelmshöhe
Tel.: 05 61/310 8 99
Fax: 05 61/3 10 88 83
info@ayurveda-klinik.de
www.ayurveda-klinik.de

Schnupperangebot 4 Tage
€ 824,– pro Pers. im DZ

Kurzentrale Bad Wilhelmshöhe
kassel tourist GmbH
Obere Königsstr. 15
34117 Kassel
Tel.: 05 61/70 77 07
Fax: 05 61/7 07 71 69
info@kassel-tourist.info
www.kassel.de

Werratal-Therme

Östlich von Kassel, mit dem Zug oder auf der B 27 zu erreichen, liegt Bad Sooden-Allendorf am Fuße des Hohen Meißner. Die Stadt ist ob ihres Fachwerkreichtums ein lebendiges Freilichtmuseum und wird „die Perle im Werratal" genannt.

Sole und Salz von Bad Sooden-Allendorf helfen gegen chronische Erkrankungen der Atemwege und der Haut, gegen rheumatische Erkrankungen der Muskeln und Gelenke, gegen Entwicklungsstörungen im Kindesalter, gegen allgemeine Erschöpfungszustände, die verschiedene Krankheiten verursachen.

Das Sole-Bewegungsbad mit Wellenbad hat ein großes und ein kleines Therapiebecken, ein Wellenbecken, eine Gegenschwimmanlage. Nun entstehen neue Attraktionen: drei Sole-Becken, Warmsprudelbecken, zwei Außenbecken, eine Saunalandschaft mit vielen verschiedenen Saunen im Innen- und Außenbereich, die bis an das historische Gradierwerk reichen wird, und einer großen Sonnenterrasse.

Um die Werratal-Therme und Bad Sooden-Allendorf zu erleben und zu genießen braucht es keine Krankheit. Eines der verlockenden Pauschal-Angebote ist die Anti-Stress-Woche unter dem Motto „verwöhnen & wohlfühlen". Zu den Leistungen zählen ein Willkommensgruß, sechs Übernachtungen mit Frühstück, eine Kurkarte, zwei Besuche im Solehallenbad der Werratal-Therme, ein Nachtkerzenölbad mit dem teuersten Öl der Welt und das klassische Schönheitsbad mit dem verführerischen Namen Cleopatra sowie zwei Massagen.

Stadt Bad Sooden-Allendorf
Stadtmarketing
Landgraf-Philipp-Platz 1 – 2
37242 Bad Sooden-Allendorf
Tel.: 0 56 52/95 87 18
Fax: 0 56 52/95 87 13
gaestedienstbsa@freenet.de
www.bad-sooden-allendorf.de

Anti-Stress-Woche
ab € 199,– pro Pers.

Lullus Therme

Eingebettet in die Hügellandschaft Waldhessens liegt die Festspielstadt Bad Hersfeld an der A 4; sie ist auch mit der Bahn zu erreichen.

Das Bad Hersfelder Mineralwasser heißt Naturquell, die Heilquellen tragen die Namen Vitalis und Lullus. Den lebenskräftigen Namen Vitalis trugen mindestens drei Heilige. Der heilige Lullus war ein Mitarbeiter des Bonifatius; im Jahr 786 starb er in dem von ihm gegründeten Kloster Hersfeld.

Die Lullus Therme ist eine Wellnesslandschaft auf zwei Ebenen. Im Badebereich gibt es eine Gegenstromanlage, Sprudelliegen, Massagedüsen, Duftgrotten. Im Sauna-Paradies warten Kräuter- und Dampfsauna. Whirlpool, Wärmebänke, einladende Ruhezonen, finnische Aufgusssauna sind nur einige der Attraktionen. Das Tecaldarium ist ein römisches Bad zum Entspannen und Wohlfühlen. Eine Abkühlung nach dem Saunagang in der Duschgrotte oder beim Eisbrunnen wirkt belebend. In der Wellness-Oase ist nach dem Besuch des Rasul ein Nachtkerzenöl-Cremebad empfehlenswert. Der Haman entführt in die Welt des Orients: Haut, Muskulatur und Psyche werden verwöhnt. Softpackliegen verbinden Entspannung mit Pflege und Therapie. Das Odorium, ein Duftinhalationsbad, ist eine Aromatherapie für die Sinne, die ätherischen Öle schaffen ein inspirierendes Raumklima. Verschiedene Anwendungen aus Ayurveda und chi-

Lullus Therme
Kurpark 10
36251 Bad Hersfeld
Tel.: 0 66 21/79 85 01
Fax: 0 66 21/79 81 111
info
@kurverwaltung-
badhersfeld.de
www.kurverwaltung-
badhersfeld.de

Eintrittspreise
€ 9,50 (3 Stunden),
Tageskarte € 14,–
Relaxtag
€ 49,– pro Pers.,
€ 98,- für ein Paar.
Luxustag
€ 145,– pro Pers., € 290,- für ein Paar

nesischer Medizin werden auch in der Wellness-Oase praktiziert.

Der Genuss in der Lullus Therme wird ergänzt durch eine reiche Auswahl an erfrischenden Getränken, vitaminreichen Salaten und gesunden Snacks im freundlichen Bistrobereich.

Tourist-Information
Am Markt 1
36251 Bad Hersfeld
Tel.: 0 66 21/20 12 74
Fax: 0 66 21/20 12 44
touristikinfo@bad-hersfeld.de
www.bad-hersfeld.de

MARBURG

Vila Vita Hotel & Residenz Rosenpark

Im mittelhessischen Marburg an der Lahn, mit der Bahn oder auf der autobahnähnlichen B 3 bequem zu erreichen, gibt es eines der wenigen 5-Sterne-Superior-Hotels Hessens.

Das Nobelhotel, in dem gern Berühmtheiten aus Politik, Sport und Showbusiness zu Gast sind – und Genießer, die das Exquisite schätzen, wurde im Dezember 1999 auf der Lahnhalbinsel eröffnet. Das Hotel bietet in seinen 95 Zimmern und 13 Suiten, jeweils individuell in Ausstattung und Farbe gestaltet, und in den 30 Appartements für Langzeitgäste Superior-Komfort.

Fast 10 000 Rosenstöcke gedeihen in der großzügigen Anlage in der Rosenstraße. Rosen sind das Zeichen von Vila Vita. Eines der drei Restaurants heißt denn auch „Rosenkavalier"; hier wird die frische internationale Küche gepflegt. Der Küchenchef Silvio Gattus ist auch für die rustikale „Zirbelstube" zuständig, in der regionale

Gerichte serviert werden. Das Gourmet-Restaurant trägt den Namen „Belle Etage"; Herr über Töpfe und Pfannen ist der Sterne-Koch Bernd Siener. Er verbindet auf seine kreative Art die klassische französische Kochkunst mit Elementen der mediterranen und asiatischen Küche.

Im „Café Rosenpark" gibt es aus der eigenen Konditorei und Chocolaterie Kuchen, Torten und Gebäck; Konditormeister Ulrich Timpert bereitet auch Champagnertrüffel, Tee- und Rosenpralinen zu.

Die Bar wird nicht zuletzt wegen ihres Whisky- und Whiskey-Angebots gerühmt. 135 verschiedene Sorten warten hier auf Genießer, Liebhaber und Kenner.

Ein Kulinarischer Kalender verzeichnet die kulinarischen und künstlerischen Höhepunkte. Beliebt ist der Brunch zu wechselnden Themen im „Rosenkavalier" an jedem ersten Sonntag im Monat. Bei schönem Wetter gibt es mittwochs das Sommer-Barbecue auf der Terrasse. Feinschmecker genießen die Themenabende in der „Belle Etage". Und „Spaß am Wein" vermitteln die Weinseminare.

Vila Vita ist nicht nur eine Oase für Feinschmecker. Der Name steht auch für Beauty, Fitness und Wellbeing. Das Vital-Center umfasst Wellness-Landschaft, Fitness-Cardio und Gymnastikbereich, die Schönheitsfarm „Beauty Garden" und einen Wellbeing- und Therapiebereich.

Die Wellness-Landschaft ist nach dem Vorbild antiker Thermen gestaltet. Landschaftsmalereien, Mosaiken, Statuen und Brunnen schaffen ein mittelmeerisches Ambiente, Rosen ranken sich um Säulen und Lauben. Der Poolbereich wartet mit einem Schwimmbad, dem Rosenbad und der Kristall-Bar auf, mit Whirlpools, Kneipprondell, Erlebnisduschen, finnischer Sauna, orientalischem Edelsteindampfbad, Solarium und der Rosenlaube, einem Tepidarium. Im Soleheilstollen, einer Höhle aus Naturstein und Holz, wird die Luft mit einer Solelösung angereichert. Der Entspannung bei sanfter Musik dienen Wärmeliegen.

Vila Vita Hotel & Residenz
Rosenpark Marburg
Rosenstr. 18–28
35037 Marburg
Tel.: 0 64 21/600 50
Fax: 0 64 21/600 54 83
info@rosenpark.com
www.vilavitahotels.com

Öffnungszeiten
Belle Etage
Mi.–Sa. 18.30–22 Uhr,
So. 12–14.30 Uhr
Rosenkavalier
tägl. 7–22.30 Uhr
Café Rosenpark
tägl. 8–18 Uhr

EZ ab € 155,–
DZ ab € 196,–
Suiten ab € 315,–

Gourmet-Arrangement
mit 2 Übernacht. im DZ € 286,– pro Pers.
Verwöhn-Arrangement
mit 2 Übernacht. im DZ € 343,– pro Pers.
Beauty-Arrangement
mit 2 Übernacht. im DZ € 320,– pro Pers.
u. a.
Vila Vita Vitaltag
ohne Übernachtung € 195,– pro Pers.

Im Fitness-Cardio und Gymnastikbereich kann man sich der Hilfe eines Physiotherapeuten und eines Diplom-Sportlehrers versichern.

Im Beauty Garden betreuen erfahrene Kosmetikerinnen die weiblichen und männlichen Gäste. Verschiedene, teils exklusive Pflegeprogramme gelangen zur Anwendung. In der „Sissi-Wanne", die schöner ist als das Original in Schloss Schönbrunn, können Bäder in Öl, Kräutern, Milch und Honig oder Rotwein genossen werden.

Von klassischen Massagen über ayurvedische Therapien bis zu moderner Physiotherapie reicht das Angebot im Wellbeing- und Therapiebereich.

Durch den „Vila Vita Vitaltag" oder die Mitgliedschaft im Vital-Club haben auch die Genießer, die keine Hotelgäste sind, die Möglichkeit, sich im Vital-Center verwöhnen zu lassen. Zudem gibt es verführerische Hotel-Arrangements mit vielen Extras und Überraschungen.

Tourismus und Marketing GmbH
Pilgrimstein 26
35037 Marburg an der Lahn
Tel.: 0 64 21/9 91 20
Fax: 0 64 21/99 12 12
mtm@marburg.de
www.marburg.de

Therme am Park und Wellnesspark

Die Stadt, zusammen mit dem benachbarten Friedberg, ist neben Tupelo und Memphis einer der Wallfahrtsorte für die Fans von King Elvis, der in Bad Nauheim wohnte, während er in Friedberg bei der Army Dienst tat.

Die Stadt, erreichbar über die A 5 und mit der Bahn, ist geschmückt mit vielen Jugendstilbauten. Der Sprudelhof mit der

Trinkkuranlage ist eine der größten Jugendstilanlagen in Europa, geschaffen von den Künstlern der Darmstädter Künstlerkolonie zwischen 1905 und 1912 auf Veranlassung des Großherzogs Ernst Ludwig von Hessen-Darmstadt.

Die neue künstlerische Bewegung wandte sich gegen die Nachahmung historischer Stile und vereinte mit einer neuen Ästhetik Architektur, Bildhauerei, Malerei und Kunsthandwerk. Schwungvolle Linien und Motive aus der Natur bestimmten den neuen Stil. Diese Elemente sind im Sprudelhof vor allem in der Gestaltung der Brunnen, Fassaden, Portale, Fenster und im Innenraum in der reichen Ornamentierung zu sehen. Es ist reizvoll, die Schmuckelemente zu entdecken, die einen Bezug zur Kuranlage und ihrem Wasser haben: Wellen, Kohlensäurebläschen, Meerestiere, Nymphen und Nixen.

In einem der Badehäuser des Sprudelhofs steht eine prächtige Doppelwanne, in der ein Paar die pure Lust der Entspannung genießen kann.

Das Heilwasser der Therme am Park hat im Innenbecken eine Temperatur von 32, im Außenbecken von 27 Grad. Im Wellnessbereich gibt es Solarien und Ruhezonen, Massageliegen und beheizte Wasserbetten. Im Außenbereich hat es ein Schwimmbecken und eine Liegewiese. Freitags ab 21.45 Uhr gehört das Bad den FKK-Anhängern.

Für Paare bietet das Jugendstil-Hotel Spöttel ein Bad Nauheimer Schnupper-Wochenende an. Das traditionsreiche und familiengeführte Hotel ist nur wenige Schritte von der Therme am Park, vom Kurpark, der Innenstadt und den imposanten Gradierbauten entfernt. Zum Wochenend-Arrangement gehören die persönliche Begrüßung, eine Führung durch die Jugendstil-Badeanlage, zwei Karten für die Therme, eine gepackte Badetasche und selbstverständlich ein komfortables Doppelzimmer mit einem reichhaltigen Frühstück und einem Drei-Gänge-Menü.

Therme am Park und Wellnesspark
Ludwigstr. 40
61231 Bad Nauheim
Tel.: 0 60 32/34 42 27
Fax: 0 60 32/34 42 39

Öffnungszeiten
Mo.–Fr. 7–21 Uhr, Sa. bis 20 Uhr, So. und Feiert. 8–18 Uhr; Fr. ab 21.45 Uhr FKK
Eintritt
2 Std. € 6,30
Tageskarte € 12,20

Hotel Spöttel
Luisenstr. 5–7
61231 Bad Nauheim
Tel.: 0 60 32/9 30 40
Freecall: 0 800/77 63 883
Fax: 0 60 32/93 04 59
spoettel@t-online.de

Schnupper-Wochenende
für ein Paar € 276,–

Bad Nauheim Information
In den Kollonaden 1
61231 Bad Nauheim
Tel.: 0 60 32/92 99 20
Fax: 0 60 32/92 99 27
info@bad-nauheim.de
www.badnauheim-wellness.de

Kur-Royal

Die Kurstadt vor der Höhe der Taunusberge ist bequem über die A5 oder die A661 oder mit der Bahn, von Frankfurt auch mit der S-Bahn, zu erreichen.

Bad Homburg hat die Taunus Therme, das Seedammbad, das VitalCenter und zuvörderst das Kaiser-Wilhelms-Bad. Das Bau-

Christine Neubauer: „In meinem Beruf als Schauspielerin habe ich wenig Zeit für Urlaub, deshalb genieße ich die Entspannung im Kur-Royal."

werk ist imposant und interessant. Verschiedene Spielarten der Renaissance vereinen sich zu einem Prachtbau, 1887 bis 1890 errichtet, der wie eine Kathedrale von einer großen Kuppel gekrönt ist. Weil die Homburger schon immer den Umgang mit gekrönten Häuptern gern gepflegt haben und sich der Gunst der preußischen Könige und späteren deutschen Kaiser versicherten, wurde das Bad zu Ehren Kaiser Wilhelms I. (1797-1888) benannt. Ein internationales Publikum gab sich in diesem „mit allem Comfort der Neuzeit" ausgestatteten Badehaus den Badefreuden hin.

Vorbildlich wieder hergestellt, dient das Bad als moderne Kureinrichtung in luxuriös historischem Ambiente der Dreifaltigkeit Wellness, Fitness, Beauty.

In weiten hohen Räumen und Sälen, kostbar geschmückt mit Fliesen und Mosaiken, kommen althergebrachte und neue Anwendungsmethoden den Gästen zu gute. Die Atmosphäre ist bestimmt durch warme Farben und köstliche Düfte.

Kur-Royal ist ein Day Spa, eine alle Sinne verwöhnende Ein-Tages-Badekur für Frauen und Männer; Kinder und Jugendliche bis 16 Jahren haben keinen Zutritt. Textilfreies Baden ist außer im Rasulbad nicht erwünscht; Badebekleidung und Badeschuhe sind mitzubringen, Duschtücher und Saris werden zur Verfügung gestellt.

Bei „Kur-Royal Inklusive" stehen folgende Einrichtungen dem Badegast zur Verfügung: Sole-Entspannungs-Bassin, Odo-

Kur-Royal
Day Spa
Kur- und Kongress-GmbH
Kaiser-Wilhelms-Bad im Kurpark
61348 Bad Homburg v. d. Höhe
Tel.: 0 61 72/17 81 78
Fax: 0 61 72/17 81 79
info@kur-royal.de
www.kur-royal.de

Öffnungszeiten
tägl. 10 – 22 Uhr

Kur-Royal Inklusive
2 Std. Verwöhnzeit € 25,–
4 Std. € 40,–
Tageskarte € 60,–
Abendpreis ab 19 Uhr € 30,–

rium, Sand-Licht-Bad, Kräuterdunstbad, Caldarium, Steinofenbad, Heudampfbad und Wave Dreams, wobei Lichtreflexionen den Raum erfüllen und das Spiel der Wale und Delfine zu beobachten ist. Der Ruheraum und die Quellenbar dienen dem Aufenthalt zwischendurch.

Zusätzlich gibt es eine Vielzahl von „Kur-Royalties", die einzeln zur „Kur-Royal Inklusive" genossen werden können: Kaisermineralbad, Louisenbad, Bäder mit Algen, Crème de Louise, Heu, Meersalz, Ziegenbutter, Nachtkerzenöl, Trester, Pantai Luar, Rasul mit Homburger Heilton unter einem Sternenhimmel aus Licht, aus dem ein sanfter Tropenregen fällt und die Heilerde zärtlich vom Körper wäscht; auch Seifenbürstenmassage und Hot Stone Massage gehören zu den „Royalties".

Vierzehn verschiedene Massagen werden im Kaiser-Wilhelms-Bad verabreicht, wozu nicht die „Kur-Royal Inklusive" gebucht werden braucht. Auf Anfrage gibt es Akupunktmassage, Moxa-Therapie und Reiki.

Tourist Info
Kurhaus
Louisenstr. 58
61348 Bad Homburg v. d. Höhe
Tel.: 0 61 72/179 110/-112
Fax: 0 61 72/17 81 18
info@kuk.bad-homburg.de
www.bad-homburg.de

Weil Kur-Royal so beliebt, inzwischen zum Markenzeichen geworden ist, und nur bis zu 75 Personen zugleich die wohltuenden Einrichtungen und Anwendungen genießen, ist eine vorherige Terminvereinbarung zu empfehlen.

Und wer dank Kur-Royal Wellness, Fitness und Beauty erlangt oder aufgefrischt hat und das zu zweit genießen will, kann sich im Kaiser-Wilhelms-Bad trauen lassen.

Kaiser-Friedrich-Therme

Die hessische Landeshauptstadt ist auch eine Kur- und Badestadt. Das Thermalbad Aukammtal ist ein modernes Erholungsbad mit großer Saunalandschaft; nach zweijähriger Sanierung lädt es seit Dezember 2003 wieder zum großen Bade- und Saunaspaß ein.

Von Mai bis September ist oben auf dem Neroberg das Opelbad geöffnet. Es wurde 1833/34 im Bauhaus-Stil errichtet und nach seinem Stifter benannt. Es ist eines der schönsten deutschen Schwimmbäder. Die Badegäste blicken hinab auf Wiesbaden und weit ins Rhein-Main-Gebiet.

Das Kaltwasserbecken der Kaiser-Friedrich-Therme

Das Rasul der Kaiser-Friedrich-Therme

Kaiser Friedrich, liberal gesinnt und mit der englischen Prinzessin Viktoria verheiratet, die sich nach seinem Tod Kaiserin Friedrich nannte, war 1888 nur 99 Tage in Amt und Würden. Er ist der Namensgeber für die 1913 als städtisches Bade- und Kurmittelhaus eröffnete Therme. Diese wurde an der Stelle errichtet, an der schon die Römer ein Schwitzbad eingerichtet hatten. Sie genossen damals das 66,4 Grad Celsius heiße Wasser der Adlerquelle. Und sie nannten die Wiesbadener Quellen „Aquis Mattiacis", Quellen der Mattiaker.

Die Kaiser-Friedrich-Therme mit dem Irisch-Römischen Bad ist ein Prachtbau mit reichen Malereien, Reliefs, Fliesen und Mosaiken – wie herbeigezaubert aus der Antike.

Zunächst sei die Badelandschaft im Obergeschoss vorgestellt. Im Thermalsitzbecken kann das Wiesbadener Quellwasser in den Temperaturvarianten 34 und 40 Grad genossen werden. Im Steindampfbad werden erhitzte Natursteine in ein Kaltwasserbecken eingetaucht und bewirken eine Steigerung der Luftfeuchtigkeit und Raumtemperatur. Das Wasser im Wildbecken hat eine Temperatur von 42 Grad. Das prächtige historische Schwimmbecken dient als erfrischendes Kaltwasserbecken. Im Tepidarium startet der Saunagast in trockener Warmluft seinen irisch-römischen Badeablauf. Im Sudatorium herrscht eine Trockenluft-Temperatur von 50 bis 55 Grad. Das Lavacrum ist ein Kaltwassertauchbecken. Das Saunarium mit seinem anregenden Farblichtspiel ist bestimmt von Aromen ätherischer Öle. Die Saunalandschaft wird ergänzt durch finnische Sauna und russisches Dampfbad. Die Musikruhezone dient der Entspannung wie auch das Frigidarium, der Frischluftraum. Das Lumenarium ist ein Ruheraum mit Lichtspielen am Gewölbehimmel. Schließlich lädt die Quellenbar ein – das Angebot reicht von Sekt bis Selters.

Kaiser-Friedrich-Therme
Irisch-Römisches Bad
Langgasse 38–40
65183 Wiesbaden
Tel.: 0611/1729660
Fax: 0611/1729666
kft@wiesbaden.de
www.wiesbaden.de

Öffnungszeiten
tägl. 10–22 Uhr, Fr. bis 24 Uhr
Dienstag Damentag
Eintritt
4 Std. € 17,50

Wiesbaden Tourist Information
Marktstr. 6
65183 Wiesbaden
Tel.: 0611/17290
Fax: 0611/1729798
tourist-service@wiesbaden.de
www.wiesbaden.de

Im Gartengeschoss der Kaiser-Friedrich-Therme ist der Rasulraum; in orientalischem Ambiente wird der Körper mit Schlämmen gesalbt, Luftfeuchtigkeit und Kräuterdämpfe entfalten ihre wohltuenden Wirkungen. Das Solarium sorgt für gesunde Bräune, und im Sandbad stellt sich Urlaubsgefühl ein. Massagen und Soft-Pack-Anwendungen werden verabreicht. Ein Ruheraum in eleganter Atmosphäre dient der Entspannung.

Die Kaiser-Friedrich-Therme ist ein Nichtraucherbad; textilfreies Baden wird hier bevorzugt.

Hotel Nassauer Hof und Nassauer Hof Therme

Gegenüber vom Kurhaus erstreckt sich der Kaiser-Friedrich-Platz. Hier erhebt sich der stattliche Bau des Hotels Nassauer Hof, schon im 19. Jahrhundert gerühmt als „elegantes Luxushotel von einzigartiger Pracht“. Zur Pracht und dem Charme vergangener Epochen gesellt sich moderner Komfort; so ist der Nassauer Hof eines der etwa 400 „Leading Hotels of the World“.

169 Zimmer, davon 29 Suiten und eine Präsidentensuite, verwöhnen die Gäste aus aller Welt. Die Säle sind exquisite Stätten von Veranstaltungen, Feiern, Festen, Bällen.

Ein beliebter Treffpunkt in Wiesbaden ist die Hotel-Lounge des Nassauer Hofs.

Das Ziel verwöhnter Feinschmecker ist das weithin berühmte Sterne-Restaurant „Ente“. Die Kreativität, die in der Küche herrscht, und der liebenswürdige Service, der im Restaurant gepflegt wird, beweisen die Gültigkeit von Stern und Ruhm.

Im Restaurant „Orangerie“ werden vornehmlich feine Gerichte der regionalen Küche aufgetischt.

Des Abends lädt die Nassauer Hof Bar ein. Internationales Entertainment in luxuriösem Ambiente ist angesagt. Die Blicke schweifen hinüber zum Ziergarten in fernöstlichem Stil.

Das alles ist nicht genug des Luxus, der zum Genuss verführt. Im fünften Stockwerk des Grand Hotels befindet sich die Nassauer Hof Therme mit einem Schwimmbad, gespeist von der hoteleigenen Heilquelle. Ein Tauchbecken, eine Finnische und eine Aroma-Sauna, ein Solarium und ein Fitnessbereich gehören dazu. Von

Physiotherapeuten werden Gymnastik, Massagen, Bewegungsbäder und Sporttherapien angeboten.

So ist für Wellness und Fitness bestens gesorgt. Um die Schönheit kümmert sich das Estée Lauder Beauty Center im Hotel. Das Angebot der Schönheitsfarm ist allumfassend – für die Frau und den Mann. Es gibt Gesichtsbehandlungen, Körperbehandlungen, Soft Pack Anwendungen, Massagen, Zusatzbehandlungen vom Gesicht bis zu den Füßen, Haarentfernungen, Make-up. Individuelle Pflegepläne werden erstellt.

Verlockend ist das Angebot der speziellen Tage im Beauty Center, die gern gebucht werden. Es gibt den Anti-Stress-Tag für Manager und Managerinnen, den Schönheitstag, den Relaxtag, den Wellnesstag. Wer sich mehr gönnen will, nimmt zwei oder drei Tage Beauty und Wellness oder gönnt sich fünf Tage Bodyfirming.

Hotel Nassauer Hof
Kaiser-Friedrich-Platz 3–4
65183 Wiesbaden
Tel.: 06 11/13 30
Fax: 06 11/13 36 32
verkauf@nassauer-hof.de
www.nassauer-hof.de

EZ ab € 228,–, DZ ab € 310,–
Suiten ab € 380,–
Wochenendrate
(je nach Verfügbarkeit)
EZ ab € 155,–, DZ ab € 195,–

Öffnungszeiten
Restaurant Ente
Mo.–Sa. 12–14.30 Uhr,
18–22.30 Uhr, So. Ruhetag
Restaurant Orangerie
Mo.–So. 6.30–23 Uhr
Nassauer Hof Bar
Mo.–So. 17–3 Uhr

Nassauer Hof Therme
im Grand Hotel Nassauer Hof
Tel.: 06 11/13 36 80

Anti-Stress-Tag € 195,–
Schönheitstag € 180,–
Relaxtag € 240,–
Wellnesstag € 190,–
2 Tage Beauty und Wellness € 385,–
3 Tage Beauty und Wellness € 460,–
5 Tage Bodyfirming € 590,–

Parkhotel Schlangenbad

Das hessische Staatsbad Schlangenbad mit seinem Thermal-Hallenbad und dem Thermal-Freibad liegt an den südlichen Hängen des westlichen Taunus, erreichbar auf der B 260, der Bäderstraße, die von Wiesbaden über Schlangenbad, Bad Schwalbach, durch den Naturpark Rhein-Taunus nach Nassau an der Lahn führt, weiter über Bad Ems bis Lahnstein am Rhein.

In Schlangenbad gibt es Schlangen. Da ist vor allem die ungiftige Äskulapnatter (Elaphe longissima), die wahrscheinlich von den Römern als Tempelschlange eingebürgert wurde. Das lateinische Wort „longissima“ bedeutet, dass diese Schlange „die längste“ einheimische Art ist. Die Weibchen werden bis 1,40, die Männchen bis 1,80 Meter lang. Die olivbraunen, manchmal gelb- oder schwarzbraunen Nattern sind Äskulap, dem Gott der Heilkunst gewidmet. Die anderen Schlangen in Schlangenbad und im Taunus sind die graue Ringelnatter und die kleine Glatt- oder Schlingnatter. Alle Schlangenbader Schlangen sind ungiftig und stehen unter Naturschutz.

Restaurant Les Thermes im Parkhotel

Am Park, den auch die Schlangen gern zum Spazieren benutzen, erhebt sich das prächtige Parkhotel. Der Aufenthalt vereint Erholung und Genuss. Für die Gaumenfreuden gibt es das Restaurant „Les Thermes". Kurz und bequem sind die Wege ins Klinikum, in die Bäderabteilung und ins Thermal-Badeparadies; ein unterirdischer Gang führt dahin.

Übrigens: für den Kulturgenuss ist auch gesorgt – das Tip-Theater im Parkhotel hat seine Spielstätte im großen Kursaal des Hotels.

Im Day Spa und Beauty des Parkhotels lassen sich Frauen wie auch Männer gern verwöhnen. Typgerechte Pflege- und Behandlungs-Arrangements vielerlei Art dienen Körper, Geist und Seele. Um Wellness und Beauty so richtig genießen zu können, bietet das Parkhotel Wohlfühlwochenenden wie „Karibik-Erlebnis" oder „Rosen-Feeling". Das „Happy Weekend" umfasst neben vielen Extras auch ein Drei- und ein Fünf-Gänge-Menü.

Und wer ein bisschen mehr Zeit hat oder sich diese gönnt, bucht das Fünf-Tage-Programm „Fit & Vital".

SÜSSER TIPP

Der Konditormeister Peter Walz vom Café Walz unten in der Mühlstraße 16 stellt köstliche Trüffel-Spezialitäten her.

Parkhotel Schlangenbad
Rheingauer Str. 47
65388 Schlangenbad
Tel.: 0 61 29/4 20
Fax: 0 61 29/42 42 42
info@parkhotel.net
www.parkhotel.net

EZ ab € 78,–
DZ ab € 115,–
Suite ab € 160,–

Happy Weekend
Fr. – So. € 166,– pro Pers. im DZ

Restaurant Les Thermes
Öffnungszeiten
tägl. 12 – 14 Uhr, 18 – 21.30 Uhr

Bier & Weinbistro Quellenstübchen
Öffnungszeiten
17 – 1 Uhr,
Mo. und Di. geschlossen

Kurverwaltung
Hessisches Staatsbad Schlangenbad
Rheingauer Str. 18
65388 Schlangenbad
Tel.: 0 61 29/4 10
Fax: 0 61 29/4 14 54
info@staatsbad-schlangenbad.de
www.schlangenbad.de

Therma Sol

Im schönen Kinzigtal, auf der A 66 und mit der Bahn erreichbar, liegt die Doppelstadt Bad Soden-Salmünster. Beide Stadtteile verdanken ihr Entstehen und ihre Namen dem Salz. Aus dem Vogelsberg fließt die Salz heran, durch Bad Soden hindurch und mündet in die Kinzig.

Lange Zeit, so weiß es eine alte Geschichte zu erzählen, sei die Solequelle vergessen gewesen, bis eine Kuh genüsslich am Salzborn leckte und schleckte und die Quelle wieder entdeckte.

An der Pacificusstraße, die von Osten nach Bad Soden hineinführt, ist links das Brunnenhäuschen des Pacificus-Sprudels zu sehen; seit 1907 sprudelt hier das Heilwasser aus einer Tiefe von 406 Metern. Bevor die Straße in die Brückenstraße übergeht, liegt links das Huttenschloss von 1536. 1875 wurden hier die ersten Badezellen eingerichtet. Über die Salz hinweg geht es zum Gesundheitszentrum Therma Sol und zum Kurpark.

Der Kurbetrieb hat verführerische Angebote im Programm. Es gibt zum Beispiel Verwöhntage, Fastentage, Wanderspaß-Wochenenden, Partner-Fitnesswochen. Auch die Kurkliniken

und Hotels warten mit einer bunten Palette schöner Pauschalangebote auf.

Die Becken des Thermalsole-Bades werden mit eisen- und kohlesäurehaltiger Thermalsole gespeist. Das entspannt psychisch und physisch, lindert Schmerz und Verschleiß, aktiviert Kreislauf und Stoffwechsel, dient der aktiven Gesundheitsvorsorge. Das Hauptbecken des Hallenbads hat eine Wasserfläche von 540 Quadratmetern, das Wasser ist 32 Grad warm. Bewegungsbad, Wellen-Freizeitbad, Rheuma-Tempel, Sole-Intensiv-Therapiebecken, Sprudelduschen, Massagedüsen, Saunen und Solarien gehören zu Therma Sol wie auch Aromaöl-Massagen und das Soft-Pack-System mit der Kraft der Natur.

Von den Wellness- und Beautybädern, die Männer genauso genießen wie Frauen, seien das schottische Bad für superzarte Haut erwähnt, das Cleopatrabad aus Milch und Öl, das Ziegenbutter-Cremebad, das anregende Orangenblütenbad.

Therma Sol
Gesundheitszentrum
Frowin-von Hutten-Str. 5
63628 Bad Soden-Salmünster
Tel.: 0 60 56/74 41 62
Fax: 0 60 56/74 41 41
info@badsodensalmuenster.de
www.badsodensalmuenster.de

Öffnungszeiten
Mo. – Fr. 8.30 – 22 Uhr; Sa., So., Feiert. 8.30 – 20 Uhr
Eintritt
Bad € 6,–, mit Sauna € 8,–, Tageskarte Bad mit Sauna und Massage € 18,–

Hotel Hohenzollern

Eingebettet in die Natur des Spessarts, die zum Spazieren, Wandern, Radeln einlädt, liegt die beschauliche Fachwerkstadt Bad Orb, über die A 66 oder mit der Bahn bis Wächtersbach zu erreichen. Seit 1837, als der Apotheker Leopold Koch das erste Badehaus errichtete, herrscht hier Kurbetrieb.

Wer dem Stress des Alltags für eine Weile entfliehen will, einzeln oder paarweise, findet in Bad Orb ein reiches Angebot. Zum Beispiel die Relax-Woche mit sieben Übernachtungen, vier Besuchen im Leopold-Koch-Bad, fünf Massagen, einer Fitnessgymnastik, zweimal Aquarobic, einem Tag im Wohlfühlstudio, einem Kulturprogramm und der Kurkarte.

Auch die Hotels haben ein breites und buntes Angebot, auf dass es jedem in Bad Orb wohlergehe. Das familiengeführte Hotel Hohenzollern bietet Paaren ein All-Inclusive Angebot. Der Blick vom Zimmer geht über den Kurpark. Das Frühstücksbuffet ist reichhaltig, das Drei-Gänge-Mittagessen schließt alkoholische und nicht alkoholische Getränke ein, nachmittags gibt es Kaffee und Kuchen, immer steht Mineralwasser bereit, das Drei-Gänge-Abendessen schließt wieder die Getränke ein. Natürlich gehört der Badebesuch mit Whirlpool, Badesprudel, Nackenschwall, Massagedüsen und Sauna dazu. Ein besonderer Dienst des Hotels ist der Hol- und Bringservice; auf Wunsch werden die Gäste in einer Limousine zu Hause abgeholt und später wieder nach Hause gebracht.

Kurdirektion Bad Orb
Kurparkstr. 1
63619 Bad Orb
Tel.: 0 60 52/83 83
Fax: 0 60 52/47 80
kurgesellschaft@bad-orb.de
www.badorb.de

Relax-Woche
ab € 585,– pro Pers.

Hotel Hohenzollern
Spessartstr. 4
63619 Bad Orb
Tel.: 0 60 52/8 00 60
Fax: 0 60 52/80 06 47
fam.kaestner-hotel-hohenzollern
@t-online.de

All-Inclusive
DZ ab € 132,– pro Tag für ein Paar

Kurgenuss im Moorbad, Bad Orb

Odenwald-Therme

Die einzige Thermalquelle des Odenwalds sprudelt in Bad König. Die idyllische Stadt im Mümlingtal ist mit der Bahn und auf der B 45 zu erreichen, die den sagenumwobenen Odenwald von Nord nach Süd durchquert.

Die Odenwald-Therme bietet Wasser, Wellness, Wohlbefinden. Das großzügige zweigeschossige Gebäude im toskanischen Stil vermittelt durch sein Ambiente ein warmes und wohliges Urlaubsgefühl. Auf zwei Ebenen wird Erlebnis, Erholung und Genuss geboten.

Im Erdgeschoss befindet sich das große Innenbecken mit Lazy River und Wildwasserkanal. Das Therapiebecken dient Bewegungstherapie und Aquafitness. Solarien gibt es hier, Arztpraxen, Behandlungsräume, ein Therapiezentrum, und für die alle, die nicht so schnell die Annehmlichkeiten von Bad König missen wollen, eine Zimmervermittlung. Im Außenbereich ist das große Becken von einer Liegewiese umgeben. Ergänzt wird das sinnenfrohe Angebot durch das Restaurant „Leonardo“ und das Schwimmbad-Restaurant „Pinocchio“.

Im Obergeschoss erstreckt sich die Saunalandschaft mit Solarien, Kräutersauna, Dampfbad, Aufguss-Sauna und Erlebnisduschen; die Blockhaus-Sauna hat ein Thermal-Außenbecken. Liege- und Ruheflächen gibt es, eine Sonnenterrasse und das Restaurant „Barca“.

Es gibt verschiedene Kurse, die in der Odenwald-Therme veranstaltet werden. Die vielfältigen Wellness-Angebote mit Anwendungen und Extras gibt es für einen Tag, für zwei Tage, für eine Woche oder zwei Wochen.

Odenwald-Therme
Elisabethenstr. 13
64732 Bad König
Tel.: 06063/57850

Öffnungszeiten
Mai–Sept. So. und Mo. 9–22 Uhr,
Di.–Sa. 9–23 Uhr,
Feiert. 9–22 Uhr, Mo. Damensauna 9–22 Uhr; Okt.–Apr.
Mo.–Do. 9–23 Uhr,
Fr. und Sa. 9–24 Uhr, So. und Feiert. 9–22 Uhr,
Mo. Damensauna 9–23 Uhr
Eintritt ab € 9,–

Kurgesellschaft Bad König GmbH
Elisabethenstr. 13
64732 Bad König
Tel.: 0 60 63/57 85 20
Fax: 0 60 63/57 85 60
www.badkoenig.de

Thermal-Schnuppertag „Lavendel“
€ 33,– pro Pers.
Wellness-Spaß für zwei
€ 65,– für 2 Pers.
Beauty-Tag „Toscana“
€ 75,– pro Pers.
Relaxtag in der Odenwald-Therme
€ 50,– für 2 Pers.
Schnuppertage
€ 110,– für 2 Pers.
Zwei romantische Entspannungstage
€ 115,– für 2 Pers.
Bad Königer Kurwochen
1 Woche ab € 230,– pro Pers.
2 Wochen ab € 450,– pro Pers.

Ferien- und Kurhotel Siegfriedbrunnen

Im Odenwald gibt es einige Brunnen und Quellen, an denen der grimme Hagen den strahlenden Siegfried gemeuchelt haben könnte. Auf jeden Ort weisen Indizien hin, die ihn als Tatort wahrscheinlich erscheinen lassen. Einer dieser Orte ist der Siegfriedbrunnen am Spessartkopf oberhalb von Grasellenbach mitten im Odenwald.

Das beschauliche Kneipp-Heilbad Grasellenbach ist von der A 5, Ausfahrt Heppenheim, über die B 460, die Siegfriedstraße nach Osten oder von Norden über die B 38 zu erreichen.

Hier betreibt die Familie Samer das Ferien- und Kurhotel Siegfriedbrunnen. Es ist ein schönes Landhotel mit vielen Terrassen und einer vorzüglichen Gastronomie. Eine feine, leichte und frische Küche wird ebenso gepflegt wie die deftigen Odenwälder Gerichte; das Bio-Rindfleisch zum Beispiel stammt vom eigenen Gutshof.

Für Wellness, Fitness und Beauty sorgen die gute Odenwälder Luft, die Wege ums Hotel, das Hallenbad und das Meerwasser-Freibad sowie die hoteleigenen Saunen des Vier-Sterne Superior Hotels. Zur aktiven Erholung gehören auch Leihfahr-

räder, Solarium, Massagen, Bäder und das Kosmetik-Studio im Siegfriedbrunnen.

Damit die Gäste alles genießen können, gibt es verschiedene Arrangements. Zum Beispiel das Wochenend-Verwöhnprogramm mit Wellnesskur. Oder eine Kombination von Wellnesskur und Champagnerträumen; dazu gehören zwei Übernachtungen mit Frühstücksbuffet, ein Fünf-Gang-Nibelungenmahl und ein Sechs-Gang-Champagnermenü.

Ferien- und Kurhotel Siegfriedbrunnen
Hammelbacher Str. 7
64689 Grasellenbach
Tel.: 06207/6080
Fax: 06207/1577
siegfriedbrunnen@stti.de
www.hotel-siegfriedbrunnen.de

EZ ab € 78,–
DZ ab € 124,–

Wellnesskur
€ 121,–
Wochenend-Verwöhnprogramm
€ 245,– pro Pers. im DZ
Wellnesskur mit Champagnerträumen
€ 176,50 pro Pers. zzgl. Kosmetik
Kurwoche
ab € 399,– pro Pers. zzgl. Kosmetik

Kurverwaltung Grasellenbach
Nibelungenhalle
Am Kurpark 1
64689 Grasellenbach
Tel.: 06207/2554
Fax: 06207/82333
info@grasellenbach.de
www.grasellenbach.de

Hessische Heilbäder und Kurorte

Verband Hessischer Heilbäder
Ludwig-Erhard-Anlage 1–4
61352 Bad Homburg v. d. Höhe
Tel.: 0 61 72/9 99 41 30
Fax: 0 61 72/9 99 98 07
info@hessische-heilbaeder.de
www.hessischer-heilbaederverband.de

Die bislang nicht vorgestellten Orte seien hier wenigstens erwähnt. Der Verband Hessischer Heilbäder informiert, die Kurverwaltungen und Touristinformationen vermitteln gern attraktive Angebote und Arrangements.

Das Kaiser-Wilhelms-Bad in Bad Homburg v. d. Höhe

Kurverwaltung
Rathaus
Hafenplatz 8
34385 Bad Karlshafen
Tel.: 0 56 72/99 99 22
Fax: 0 56 72/99 99 25
Kurverw.Bad-Karlshafen@t-online.de
www.bad-karlshafen.de

Hoch im Norden des Hessenlandes ist Bad Karlshafen die weiße Barockstadt im Grünen des Reinhardswaldes und des Solling. Sie liegt im Weserbergland, am Zusammenfluss von Diemel und Weser. Seit 1838 sprudelt hier die heilkräftige Sole.

Am Twistesee im Waldecker Land, von Wäldern umgeben, liegt die barocke Residenzstadt Bad Arolsen. Neben den vielfältigen Kureinrichtungen lädt auch das beliebte Freizeitbad „Arobella“ mit seiner großen Saunaanlage ein, Wellness mit Freude und Genuss zu erleben.

Gäste- und Gesundheitszentrum
Rauchstr. 2
34454 Bad Arolsen
Tel.: 0 56 91/8 94 40
Fax: 0 56 91/51 21
ggz@bad-arolsen.de
www.bad-arolsen.de

Naumburg, westlich von Kassel, wohin die Museumseisenbahn Hessencourrier von Bad Wilhelmshöhe fährt, ist ein Kneipp-Kurort, wo der vom Stress geplagte Mensch in gesunder Natur wieder Gesundheit und sein körperliches und seelisches Gleichgewicht findet.

Kurverwaltung im Haus des Gastes
Hattenhäuser Weg 10
34311 Naumburg
Tel.: 0 56 25/79 09 13
Fax: 0 56 25/92 59 04
kurverwaltung
@naumburg.kgrz-kassel.de
www.stadt-naumburg.info

Der Hessencourrier auf dem Weg nach Naumburg

Kurverwaltung
Karlsbader Str. 4
34306 Bad Emstal
Tel.: 0 56 24/99 97 26
Fax: 0 56 24/22 78
gemeinde@bad-emstal.de
www.bad-emstal.de

Im Naturpark Habichtswald, zwischen Kassel und Naumburg, liegt Bad Emstal, eines der jüngsten Heilbäder Hessens. Das Thermalbad und die vielen Kureinrichtungen, die dörfliche Atmosphäre und die sanfte Natur des Habichtswalds verhelfen zum Wohlbefinden.

Kur- und Touristik-Service
Waldecker Str. 12
34508 Willingen
Tel.: 0 56 32/40 11 80
Fax: 0 56 32/40 11 50
willingen@willingen.de
www.willingen.de

Im Hochsauerland das Heilbad Willingen (Upland) an der B 251 zwischen Korbach und Brilon. Willingen ist den Wintersportfreunden durch das Weltcup-Skispringen ein Begriff. Die Freizeit- und Erlebnismöglichkeiten reichen vom Lagunen-Erlebnisbad bis zum Wild- und Freizeitpark.

Bad Wildungen-Reinhardshausen im Waldecker Land ist ein Mineral-Heilbad. Die Reinhardsquelle spendet das Heilwasser. Traditionelle Kurmittel und moderne Aktivtherapie ergänzen sich vortrefflich. „Heloponte" heißt das attraktive Bad und Freizeitzentrum.

Heilbad- und Tourist-Service
Bad Reinhardsquelle GmbH
Quellenstr. 43
34537 Bad Wildungen-Reinhardshausen
Tel.: 0 56 21/78 90 15
Fax: 0 56 21/78 90 20
info@reinhardsquelle.de
www.reinhardsquelle.de

Denkmal für den Kurschatten in Bad Wildungen

Im Kurhessischen Bergland, in die Täler von Schwalm, Urff und Wälzebach geschmiegt, liegt das kleine Bad Zwesten mit seinem Löwensprudel, einer Heilquelle. Der Luftkurort mit seinem Hallenbewegungsbad bietet alles, um Körper und Seele fit zu machen.

Kurverwaltung
Ringstr. 1
34596 Bad Zwesten
Tel.: 0 56 26/7 73
Fax: 0 56 26/99 93 26
kurverwaltung
@badzwesten.de
www.badzwesten.de

Gladenbach ist ein Kneipp-Heilbad im Wandergebiet des Lahn-Dill-Berglands, etwa 15 Kilometer von Marburg oder Gießen entfernt. Im Freizeitbad „Nautilust" sind die Freuden des Wassers zu erleben; auch der große Fitnessbereich dient dem gesunden Wohlbefinden.

Kur- und Freizeit-Gesellschaft Gladenbach mbH
Karl-Waldschmidt-Str. 5
35075 Gladenbach
Tel.: 0 64 62/20 16 12
Fax: 0 64 62/20 16 18
kfg@gladenbach.de
www.gladenbach.de

Gladenbachs Nachbarort im Westen heißt Bad Endbach. Es ist ein Kneipp-Heilbad mit modernen Therapieeinrichtungen und einer großzügigen Bade- und Saunalandschaft inmitten eines Wanderparadieses. Ruhe und Aktivität gepaart ergeben ein gesundes Wohlgefühl.

Kurverwaltung
Herborner Str. 1
35080 Bad Endbach
Tel.: 0 27 76/8 01 13
Fax: 0 27 76/10 42
info@bad-endbach.de
www.bad-endbach.de

Ein Kneipp-Heilbad ist das mit Fachwerk geschmückte Neukirchen im Schwalm-Ederkreis, am Südhang des Knüllgebirges im Schwälmer Märchenland. Ruhe und Entspannung lassen sich im Hallenbewegungs- und im Freibad und in der schönen Natur gewinnen.

Kurverwaltung Neukirchen
Am Rathaus 10
34626 Neukirchen/Knüllgebirge
Tel.: 0 66 94/80 80
Fax: 0 66 94/8 08 38
kurverwaltung@neukirchen.com
www.neukirchen.de

Zwischen Lauterbach und Fulda, zwischen Vogelsberg und Rhön mitten in Wäldern und Wiesen liegt das Mineral- und Moorheilbad Bad Salzschlirf. Die Gesundheitstherme, klassische Anwendungen, Naturheilverfahren und Ferien- und Wellnessangebote ergänzen sich trefflich.

Kur und Tourismus GmbH
Bahnhofstr. 22/Lindenstr. 19
36360 Bad Salzschlirf
Tel.: 0 66 48/22 66
Fax: 0 66 48/23 68
info@bad-salzschlirf.de
www.bad-salzschlirf.de

Hessens höchste Heilquelle entspringt im Heilbad Herbstein, auf 450 Meter Höhe im Naturpark Hoher Vogelsberg. Das Heilwasser kommt bei Bade- und Trinkkuren zur Anwendung. Das Thermalbewegungsbad ist eine Stätte der Badelust, der Erholung und Gesundheit.

Kurbetriebsgesellschaft Herbstein GmbH
Marktplatz 7
36358 Herbstein
Tel.: 0 66 43/96 00 19
Fax: 0 66 43/96 00 27
tourist-info@herbstein.de
www.herbstein.de

In der Rhön, am Fuß der 950 Meter hohen Wasserkuppe, liegt Gersfeld, ein Kneipp-Heilbad. Die Gesundheits- und Gaststättenbetriebe bieten ein vielfältiges Programm von klassischer Therapie und Naturheilverfahren, für Wellness, Fitness und Beauty an.

Tourist-Information
Brückenstr. 1
36129 Gersfeld (Rhön)
Tel.: 0 66 54/17 80
Fax: 0 66 54/17 88
tourist-info@gersfeld.de
www.gersfeld.de

In der goldenen Wetterau zwischen Vogelsberg und Taunus befindet sich Bad Salzhausen. Das schmucke Biedermeier-Heilbad ist ein besonderer Stadtteil von Nidda. Neben dem Sole-Bewegungsbad mit Saunalandschaft gibt es ein vielfältiges Angebot „Medical Wellness“.

Kurverwaltung
Quellenstr. 2
63667 Bad Salzhausen
Tel.: 0 60 43/9 63 30
Fax: 0 60 43/96 33 50
kurverwaltung
@bad-salzhausen.de
www.bad-salzhausen.de

Das historische Kurmittelhaus in Bad Salzhausen

Schon seit Römerzeiten wird das Wasser aus den Heil- und Mineralquellen, das in Bad Vilbel dem Boden entspringt, gerühmt. Die Stadt der Brunnen und Quellen am Rand der Wetterau und vor den Höhen des Taunus, vor den Toren Frankfurts, ist ein beliebter Ferien- und Kurort.

Kur- und Bäderverwaltung
Parkstr. 15
61118 Bad Vilbel
Tel.: 0 61 01/60 22 47
Fax: 0 61 01/60 24 00
kurbuero@bad-vilbel.de
www.bad-vilbel.de

Das Vilbeler Mineralwasser wurde einst aus diesem Brunnen geschöpft

Im Nationalpark Hochtaunus befindet sich eines der ältesten Kneipp-Heilbäder Deutschlands: Bad Camberg mit seiner Fachwerk-Altstadt. Das Heilwasser dient im modernen Kur- und Gesundheitszentrum vielfältigen Kneipp- und Wohlfühlanwendungen.

Kurverwaltung
Am Amthof 15
65520 Bad Camberg
Tel.: 0 64 34/20 24 11
Fax: 0 64 34/20 24 14
kurverwaltung@bad-camberg.de
www.bad-camberg.de

Bad Schwalbach im Rhein-Taunus ist die Stadt der Schwalbenkönigin. Hier kurten früher Kaiser, Könige und Dichterfürsten. Das Naturmoor und das Heilwasser sorgen für Wellness und Fitness und natürlich gibt es ein großes Angebot für Beauty.

Kurverwaltung
Am Kurpark 1
65307 Bad Schwalbach
Tel.: 0 61 24/50 24 28
Fax: 0 61 24/50 24 64
kur@bad-schwalbach.de
www.bad-schwalbach.de

Königstein, heilklimatischer Kurort im Taunus, bietet eine malerische Altstadt, Burgruinen, Berge, ein nostalgisches Strandbad im Woogtal und ein Kurbad mit Gesundheitszentrum, Sauna, Solarium, vielen Fitnessangeboten und einer Sonnenterrasse mit Panoramablick.

Kur- und Stadtinformation
Kurparkpassage Hauptstr. 12
61462 Königstein im Taunus
Tel.: 0 61 74/20 22 51
Fax: 0 61 74/20 22 84
info@koenigstein.de
www.koenigstein.de

Viele Schlösschen zieren die Stadt Bad Soden an den Südhängen des Taunus. 30 Mineralquellen sprudeln hier, 11 sind anerkannte Heilquellen. Zwei davon speisen die Sodenia-Therme, das Thermalsolebad. Vielfältig sind die Angebote für Wohlgefühl, Vitalität und Schönheit.

Kur und Tourismus
Königsteiner Str. 73
65812 Bad Soden am Taunus
Tel.: 0 61 96/20 80
Fax: 0 61 96/20 81 51
info@bad-soden.de
www.bad-soden.de

Rund um die Burgruine erstreckt sich der heilklimatische Luftkurort Lindenfels im Nibelungenland des sagenhaften Odenwalds, umgeben von den schützenden Wäldern. Verwöhnwochenenden, Angebote zum Heilfasten, zur aktiven Erholung und zum Relaxen laden ein.

Kur- und Touristikservice
Burgstr. 37–39
64678 Lindenfels
Tel.: 0 62 55/24 25 und 3 06 44
Fax: 0 62 55/3 06 45
touristik@lindenfels.de
www.lindenfels.de

Das Hundertwasser Haus in Bad Soden

Brot und Butter und was dazu köstlich mundet, Gemüse und Kräuter, auch Lebensmittel anderer und exotischer Länder gibt es in jedem Supermarkt. Aber frischer und mit der Annehmlichkeit eines Schwätzchens garniert, das auch als Warenkunde nützlich sein kann, sind die Lebens- und Genussmittel auf den Wochen- und Bauernmärkten, oder direkt vom Erzeuger. Fast alles, was Augen, Gaumen, Herz und Magen verlangen, gibt es auch in der Markthalle in Kassel, im Marktkeller Wiesbaden, in der Frankfurter Kleinmarkthalle, in der Darmstädter Markthalle. Jeder Genießer weiß, wo er beglückt seine Schätze zum Essen und Trinken einkaufen kann.

Hier nun folgen einige Hinweise und Tipps zum lustvollen Einkauf. Manche dieser Stätten sind vielleicht noch nicht so bekannt, aber jeden weiten Weg wert. Genießer gehen bekanntlich meilenweit.

Erlesene Köstlichkeiten

Gutes aus Hessen

Wer gern direkt beim Erzeuger seine Lebens- und Genussmittel einkaufen möchte, vielleicht Wert auf Bio-Produkte und solche aus natürlichem Anbau legt, und in seiner Umgebung noch keine Einkaufsquelle gefunden hat, dem kann geholfen werden. Durch die Marketinggesellschaft Gutes aus Hessen e.V.

Die Informationen der Marketinggesellschaft gelten Bauernhöfen, die Fleisch, Geflügel, Gemüse und andere landwirtschaftliche Erzeugnisse produzieren genauso wie Keltereien, Brennereien und anderen Erzeugern. Auch über Veranstaltungen lehrreicher und lukullischer Art und Feste gibt Gutes aus Hessen Auskunft.

Marketinggesellschaft Gutes aus Hessen e.V.
Homburger Str. 9
61169 Friedberg
Tel.: 0 60 31/73 23 63
Fax: 0 60 31/9 30 61
info@gutes-aus-hessen.de
www.gutes-aus-hesssen.de

Käse-Wochenende auf dem Biobauernhof Grundmühle

Der Ortsteil Helpershain liegt nordöstlich von Ulrichstein im Vogelsberg, Richtung Lauterbach. Am Lauf des Katharinenbaches steht die Grundmühle. Hier bewirtschaften Cornelia und Gerhard Etling ihren Biobauernhof.

Weil zwar jeder weiß, wie Quark, Butter, Joghurt und Käse schmecken, aber nicht jeder weiß, wie diese köstlichen Produkte hergestellt werden, veranstalten die Etlings in der Grundmühle Käse-Schnupperwochenenden mit Seminar. Das beginnt im Kuhstall. Dann wird gezeigt, wie aus der Milch die verschiedenen Produkte entstehen – auf die traditionelle Art des Bauernhandwerks. Selbstverständlich wird alles auch verkostet, wozu das selbst gebackene Brot köstlich mundet.

Verbunden sind die genussvollen Kenntnisse und Fertigkeiten mit zwei Übernachtungen in der Ferienwohnung auf dem Biobauernhof. Wer länger schnuppern will – auch die gesunde Luft des Vogelsbergs – verlängert seinen Aufenthalt. Die kleinen Schnuppernasen der Kinder erhalten natürlich eine Ermäßigung.

Biobauernhof Grundmühle
Mühlweg 20
35327 Ulrichstein-Helpershain
Tel.: 0 66 45/77 83
Fax: 0 66 45/82 35
etling@t-online.de
www.grundmuehle-etling.de
Schnupperwochenende
€ 40,– pro Pers.

kochbuch

Die schöne Stadt vieler Sehenswürdigkeiten im Taunus, über die A 3 und mit der Bahn zu erreichen, ist um eine Attraktion reicher geworden. Helmut Weber, Mitglied der Gastronomischen Akademie Deutschlands, bei Slow Food, im Verband der Köche Deutschlands und in der Hotel- und Gaststättenver-

einigung Frankfurt, hat in einem Fachwerkhaus von 1605 in der Obergasse, in der Nachbarschaft zum bekannten Hotel und Restaurant Höerhof, sein „kochbuch“ geöffnet. Das ist eine Buchhandlung, ein Antiquariat, ein Versandgeschäft, außerdem ein Messe- und Veranstaltungsservice.

Helmut Weber und seine Frau Gabriele halten eine für den Laien schier unübersichtliche Menge an lieferbaren und längst vergriffenen Büchern vor und besorgen gern die Bücher, die nicht vorhanden sind. All die Lite-

kochbuch
Versand,
Buchhandlung & Antiquariat
Obergasse 18
65510 Idstein
Tel.: 06126/588902
Fax: 06126/588903
kochbuch@t-online.de
www.kochbuch-versand.de

Öffnungszeiten
Mo.–Fr. 10–13 Uhr,
14.30–18.30 Uhr; Sa. 10–14 Uhr

ratur zu allen kulinarischen Themen, auch über Getränke und Belletristisches, dient dem Genuss das Lesens und Anschauens. Und hilft der Köchin und dem Koch, die passioniert am Herd stehen – von Berufs wegen oder nur aus Lust und Laune.

Damit die Speisen auch richtig gewürzt sind, haben die Webers, beraten vom Sternekoch und Gewürzspezialisten Ingo Holland vom Restaurant „Zum Alten rentamt" in Klingenberg, ihr Sortiment um Gewürze und Gewürzmischungen bereichert.

OESTRICH-WINKEL

Wein.Erlebnis.Welt

Der Winzer Ulrich Allendorf, der zusammen mit seiner Schwester Christel Schönleber und seinem Schwager Josef Schönleber eines der größten privat geführten Weingüter im Rheingau leitet, setzt mit neuen Ideen eine alte Familientradition fort.

Dazu gehört auch die Wein.Erlebnis.Welt, die er in Winkel zum Staunen und Erkennen eingerichtet hat. Rebstöcke sind in verschiedene Böden der Rheingauer Weinlagen eingepflanzt; so

ist zu sehen, wie neben Klima und Rebsorte die Erde den Charakter des Weins bestimmt.

Das Geruchsspektrum der Weine, von dem die Kenner so schwärmen, ist hier jedem mit der Nase ruchbar. An 19 Aromasäulen sind die Düfte von A wie Apfel bis Z wie Zitrone zu erschnuppern.

Der Winzer Ulrich Allendorf

Die Arbeit im Weinberg und im Weinkeller ist anschaulich dargestellt – wie es einst war und es jetzt ist. Davon sehen die Besucher auch etwas bei ihrem Rundgang durch den Keller.

Verblüffend ist, wenn Allendorf die Besucher in den Lichtraum führt. Ist es Zauberei oder schmeckt der Wein in blauem Licht tatsächlich anders als bei grüner Beleuchtung.

Es wundert nicht, dass Ulrich Allendorf scherzhaft der „Harry Potter der Winzer" genannt wird.

Aber die Besucher lassen sich gern verzaubern und beenden den Besuch in der Vinothek, wo es Wein zu kaufen gibt. Besonders erwähnt seien die Weine mit dem Prädikat „Erstes Gewächs"; nur die Weine, die strengste Kriterien erfüllen, dürfen diese Bezeichnung tragen. In der Vinothek gibt es auch alles Zubehör, das der Weintrinker zur Zelebrierung seiner Genusssucht braucht.

Weingut Fritz Allendorf
Wein.Erlebnis.Welt
Kirchstr. 69
65375 Oestrich-Winkel
Tel.: 06723/91850
Fax: 06723/918540
allendorf@allendorf.de
www.allendorf.de

Öffnungszeiten
Mo.–Fr. 10–12 Uhr, 13–17 Uhr,
Sa. 10–16 Uhr

Führungen
und Weinproben nach Voranmeldung

Weingut Landeshauptstadt Wiesbaden

Erstmals wurden 1525 unter den Grafen zu Nassau am Neroberg, dem Wiesbadener Hausberg, Reben angepflanzt. Im Jahr 1900 erwarb die Stadt den Weinberg. 81 Prozent der Rebfläche sind mit Riesling bestanden, der Rest mit Spätburgunder, der zum Teil im Barrique aus Wiesbadener Eiche ausgebaut wird. Auch im Wiesbadener Stadtteil Frauenstein wird Wein angebaut.

Den Wiesbaden Riesling gibt es trocken, halbtrocken und mild, als Qualitätswein, Kabinett und Auslese. Aus den besten Trauben vom Neroberg wird der feine trockene Wiesbaden Neroberg Riesling Qualitätswein gekeltert. Zu den Raritäten zählt der Eiswein. Neben dem Spätburgunder entsteht aus den roten Trauben auch ein köstlicher Weißherbst. Den Wiesbaden Sekt gibt es trocken und brut. Der Rieslingbrand ist ein exzellenter Weinbrand, der neun Jahre alt und im Holzfass gereift ist.

Den Weingenuss ergänzen die Veranstaltungen, die in der Stadt und auf dem Neroberg stattfinden: Weinproben, Weinwanderungen, die Weinmatinee, die Rheingauer Weinwoche und die Wein- und Kunsthandwerkermesse.

Weingut Landeshauptstadt Wiesbaden
Kapellenstr. 99
65193 Wiesbaden
Tel.: 06 11/31 37 50
Fax: 06 11/31 39 72
weingut@wiesbaden.de
www.wiesbaden.de/weingut

Öffnungszeiten
Di.–Do. 10–12 Uhr, 14–17 Uhr,
Fr. 10–18 Uhr, Sa. 10–13 Uhr

OrdnungsSINN

Hinter der Katharinenkirche gibt es einmal OrdnungsSINN – mit Wohn-Ideen, damit das Zuhause ein genussvolles Leben ermögliche. Nicht weit davon entfernt, über den Friedrich-Stoltze-Platz hinweg, geht es weiter mit allem, was der Mensch in Küche & Keller braucht, und Christiane Boehm-Kochanski hat es. Und hier, im geräumigen Keller an großer Tafel finden die abendlichen Veranstaltungen statt, die Michael Borchardt auf seine gescheite und charmante Art moderiert.

Zum Beispiel werden Sushi gereicht und die passenden Weine dazu empfohlen. Oder zu Gerichten, köstlich zubereitet aus Krokodil und Vogel Strauß, werden die südafrikanischen Weine ausgeschenkt, die zu den Speisen trefflich harmonieren. Und

Die Gäste von Frau Boehm-Kochanski und Herrn Borchardt genießen die kulinarischen Weinveranstaltungen

Michael Borchardt plaudert über Land und Leute und den Wein, dass man sich nicht satthören kann.

Wer nicht nur Wein trinken, sondern auch kennenlernen will, dem sei das Seminar „Wein für Einsteiger“ empfohlen. Und wie am besten der Wein zu genießen sei, vermittelt Borchardt im launigen Seminar „Von Gläsern und Weinen“. Selbstverständlich können die Weine gekauft werden, die Gläser von der Riedel Sommeliers-Serie gibt es preisgünstig.

Wegen der Beliebtheit der genießerischen OrdnungsSINN-Veranstaltungen ist zu empfehlen, sich rechtzeitig zu informieren und anzumelden.

OrdnungsSINN
Wohn-Ideen
Katharinenpforte 6
60313 Frankfurt am Main
Tel.: 069/29 62 45
Fax: 069/21 93 55 51

Öffnungszeiten
Mo.–Fr. 10–20 Uhr, Sa. 10–18 Uhr

OrdnungsSINN
Küche & Keller
Bleidenstr. 3
60311 Frankfurt am Main
Tel.: 0 69/29 72 48 28
Fax: 0 69/21 93 55 51
info@ordnungssinn.de
www.ordnungssinn.de

FRANKFURT AM MAIN

brot&butter

Genießer schätzen das Sortiment von Manufactum, dem Versender von „brot&butter“ und einer Vielzahl köstlicher Lebens- und Genussmittel. Natürlich gibt es Brot aus dem Steinbackofen, normannische Rohmilchbutter und andere Buttersorten, Käse in vielfältiger Art und andere Milchprodukte, Wurst und Schinken, Frischfleisch vom Galloway-Rind, von der Diepholzer Moorschnucke, vom Schwäbisch-Hallischen Landschwein, Geflügel, eingelegte und geräucherte Fisch-Spezialitäten. Es gibt eingelegte Gemüse von Stekovics aus Österreich, Espresso aus Verona, Tee, Kaffee, Schokolade, Marmelade, Öl, Essig, Wein. Seitenlang ist die Einkaufs- und Bestellliste, die auch einen Teil des berühmten Manufactum-Küchensortiments umfasst.

Jetzt, seit Januar 2003, gibt es in Frankfurt einen brot&butter-Laden – am Merianplatz, wo er das Einkaufserlebnis Berger Straße ungemein bereichert. Christoph Hünefeld und sein

brot&butter-Laden
Merianplatz
60316 Frankfurt am Main
Tel.: 069/24 44 88 28
Fax: 069/24 44 88 29
frankfurt@manufactum.de
www.manufactum.de

Öffnungszeiten
Mo.–Fr. 9.30–19 Uhr,
Sa. 9–16 Uhr

Team bieten ihre Kostbarkeiten im alten Merianbad an, das zu einem Einkaufstempel für Genießer umgestaltet wurde, ohne seine charakteristische äußere Form einzubüßen. Auch ein Bistro „brotzeit" lädt ein, gleich an Ort und Stelle sich dem Genuss hinzugeben.

Laier

Kaffeegeschäfte und Coffeeshops gibt es allüberall. Aber Laier ist einmalig. Und das seit 1869. Heute leitet in fünfter

Generation die junge, hübsche und tüchtige Annette Laier das Geschäft. Die Kaffeerösterei, das Tee- und Spezialitäten-Geschäft liegt direkt am Offenbacher Wochenmarkt, einem der attraktivsten in Hessen.

Der Kaffee, der bei Laier geröstet und verkauft wird, kommt aus Costa Rica, Brasilien, Java, Guatemala, Kenia, Nicaragua, Südafrika, Äthiopien, Kuba, Neu Guinea, Panama, von den Galapagos, aus Mexiko, woher auch der Maya-Kaffee aus kontrolliert ökologischem Anbau stammt, den die Kleinbauern im Hochland von Chiapas anbauen. Etwa 40 verschiedene frisch geröstete Sorten, Mischungen und Spezialkaffees gibt es zu kaufen, deren Zusammensetzung – zum Beispiel für Wiener Melange oder Arabischer Espresso – Familien- und Betriebsgeheimnis sind. Und die Kaffeespezialitäten können gleich im Raum neben dem Ladengeschäft genossen werden.

Teetrinker wählen bei Laier aus 120 Sorten aus, auch Früchtetees und Roibuschtee gibt es. Und Nüsse und Trockenfrüchte, Reis, Essig, Öl, Gewürze, Süßigkeiten vieler Art und die sagenhaften „Aechten Offenbacher Pfeffernüsse“, ausgewählte hessische Wurst-, Schinken- und Käsespezialitäten thronen in einer gläsernen Truhe. Die Aufzählung der Köstlichkeiten könnte weitergehen. Aber wichtiger zu erwähnen ist, dass in dem modernen Ladengeschäft, geschmückt mit sinnenfrohen Sprüchen auf Schiefertafeln, auch eine überaus freundliche und kompetente Beratung angeboten wird.

Laier
Kaffeerösterei,
Tee & Spezialitäten
Bieberer Str. 12
63065 Offenbach am Main
Tel.: 0 69/88 51 70
Fax: 0 69/82 36 88 57
service@kaffeeroesterei.de
www.kaffeeroesterei.de

Öffnungszeiten
Mo. – Do. 9.30 – 18.30 Uhr,
Fr. 9 – 18.30 Uhr, Sa. 9 – 15 Uhr

NEU-ISENBURG

Zigarrenhaus Anthes

Nichtraucher sind an dieser Stelle um ein bisschen Toleranz gebeten und sie mögen bedenken, dass auch das Trinken, Autofahren, Bergsteigen und andere genussvolle Tätigkeiten gefährlich sein können. Wobei das Rauchen von Zigarren noch die ungefährlichste und zudem eine kontemplative Genusssucht ist.

Gut betuchte Herren vereinen sich zur „Havana Lounge“, einem teuren Business-Club, der in Frankfurt am Kaiserplatz residiert, wo auch das Zigarrengeschäft von Alexander Brendel sich befindet.

Freunde – und zunehmend auch Freundinnen – guter Zigarren ist kein Weg zu weit, um an die Objekte ihrer Lust zu gelangen. Sie fahren nach Cuba – oder nach Neu-Isenburg südlich von Frankfurt und Offenbach. Denn so wie der Havana Club der beste Rum der Welt ist, sind die cubanischen Zigarren die besten. (Die Amerikaner seien bedauert, die diesen Genüssen wegen ihres Handelsembargos nicht frönen dürfen, und wenn doch dann heimlich).

Seit 1881 gibt es das Zigarrenhaus Anthes in Neu-Isenburg, ein Betrieb in Familientradition, geführt von Edith und Reiner Oestreich. Hier gibt es nicht nur die Cohiba und andere Erzeugnisse, die sorgsam mit der Hand auf der Karibikinsel gefertigt und hier sorgsam bei richtiger Temperatur und Luftfeuchtigkeit gelagert werden. Etwa 1000 verschiedene Sorten und Formate sind auf Lager. Dazu kommen Zigarillos, Pfeifentabak und Raucherzubehör. Eine fachkundige Beratung durch die Oestreichs ist garantiert. Und hin und wieder ist ein Zigarrenroller aus einem der Ursprungsländer zu Gast und zeigt seine Kunst.

Zigarrenhaus Anthes
Frankfurter Str. 35
63263 Neu-Isenburg
Tel.: 0 61 02/2 29 95
Fax: 0 61 02/25 42 20

Öffnungszeiten
Mo. – Fr. 8 – 12.30 Uhr,
14.30 – 19 Uhr, Sa. 9 – 14 Uhr

Tabakbar, Pfeifenecke und der begehbare Klimaraum

Obstbrennerei Göbel

Obst ist gesund. Und in konzentrierter Form und hochprozentig tut er Leib und Seele gleichermaßen gut. Wer im eigenen Garten oder auf eigenem Acker so viel Obst erntet, dass nach der Fertigung von Marmelade, Kompott und Obstkuchen immer noch Früchte übrig sind, bringt sie nach Reinheim. Der hübsche Ort im Odenwald liegt südöstlich von Darmstadt, wo sich B 38 und B 426 treffen.

In Reinheim brennen Vater Wilhelm Göbel seit 1988 und Sohn Thomas seit 1996 feine und gute Destillate. Einige ihrer Obstsorten in der Flasche sind Golden Delicious, Kirschwasser, Traubenbrand und eine umfangreiche Auswahl an Likören.

Göbels Destillate machen gute Laune, so dass Frau Schlemihl im Hintergrund auf einem Gemälde von Bernd Pfarr vom Schrank hüpft, um aus einem Apfel am Boden auf traditionelle Art Apfelmus zu machen. Die Göbels würden aus Äpfeln einen feinen Apfelschnaps brennen.

Doch die bunte Palette ihrer Köstlichkeiten ist umfangreicher. Zu ihren genussreichen Produkten zählen auch Kartoffelgeist, der zum Beispiel bei Kartoffel-Jäger auf dem Offenbacher Wochenmarkt erhältlich ist, und Kartoffelschnaps.

Göbel-Spirituosen sind oft als solche nicht erkennbar. Die Göbels brennen für Privatleute, Gastwirte und Selbstvermarkter und kleben deren Etiketten auf die Flaschen. Auch für Firmen, die geist- und gehaltvolle Präsente brauchen, steht eine vielfältige Auswahl in den Regalen.

Die Göbels verwandeln die Obstmaische ihrer Kunden in edle Tropfen. Wer will, schaut dabei zu. Um die Zollangelegenheiten braucht sich niemand zu kümmern, diese Arbeit nehmen die Göbels ihren Kunden ab.

Obstbrennerei Göbel
Kirchstr. 67
64354 Reinheim
Tel.: 0 61 62/8 23 76
Fax: 0 61 62/8 23 76
obstbrennerei-goebel
@t-online.de
www.obstbrennerei-goebel.de

Sport ist eine wunderbare Beschäftigung und bereitet Lust und Genuss. Fußball, Tennis und Jogging sind überall möglich. Hier wollen wir Appetit machen auf besonders feine Sportmöglichkeiten. Wie wäre es mit Golfen im schönen Hessenland? Das Grün des Grüns tut Körper und Geist gleichermaßen wohl. Ein ebenso genussvoller Sport ist das Reiten auf den Rücken edler Pferde. Hessen mit seinen malerischen Landschaften, sanften Hügeln, weiten Tälern und reizvollen Flussauen bietet für Reiter eine Vielzahl an Möglichkeiten, die Natur zu genießen. Wassersportler haben wir auch nicht vergessen: Hot Sport heißt das Zauberwort vom See! Neu und beliebt: Nordic Walking, fahren Sie doch mal nach Beerfelden! Nordic Walking macht zu zweit oder in der Gruppe richtig viel Spaß. Beschaulich und erholsam sind Schiffsfahrten auf Hessens reizvollen Flüssen.

Sportliche und andere Lustbarkeiten

Kurhessischer Golfclub

Der schöne Golfplatz in Oberaula liegt verkehrsgünstig mitten in Hessen nahe dem Kirchheimer Dreieck. Hier findet jeder Golfer, was zu ihm passt: Spielbahnen für Anfänger und Fortgeschrittene mit unterschiedlichen Herausforderungen und technischen Raffinessen. Alles, was ein Golfspiel interessant macht, hält dieser Platz bereit: geschickt platzierte Bunker, hübsch angelegte kleine Teiche und Biotope, flache Täler, raffinierte hängige Lagen, Plateaus und Greens mit Böschungen und ansteigenden Fairways. Wer gut zu Fuß ist, dem bereitet der 18-Loch-Platz keine Schwierigkeiten, sind doch einige Höhenmeter zu überwinden. Mit einem Eletrocaddy ist es leichter und das Spiel geht zügiger voran. Das Clubhaus mit den umfangreichen Trainingsanlagen bildet den zentralen Punkt im Gelände. Man stärkt sich im gemütlichen Restaurant mit kulinarischen Leckerbissen oder fachsimpelt an der schmucken Bar. Und wem ein Eisen fehlt, im fachmännisch geführ-

ten Pro-Shop findet der Golfer das Neueste, was er für seinen Sport braucht. Gästespieler wohnen in Oberaula im Hotel Zum Stern oder in den Meirotels in Kirchheim, Bad Hersfeld oder Rotenburg.

Der Luftkurort Oberaula bietet noch weitere Sportmöglichkeiten: Tennis- und Squash-Zentrum, Waldschwimmbad, Hallenbad, Freizeitreiterhof, beste Anglermöglichkeiten, Halfpipe für Inlineskater, Wanderweg „Knüllsteig“, Wintersport.

Oberaula/Bad Hersfeld
Kurhessischer Golfclub
Postfach 31
36278 Oberaula
Tel.: 0 66 28/9 15 40
Fax: 0 66 28/91 54 24
info@golfclub-oberaula.de
www.golfclub-oberaula.de
Pro-Shop
Tel.: 0 66 28/3 48

Preise
Einzelunterricht Std. € 40,–
10-mal 30 Min. € 180,–

Touristik Service Oberaula
Hersfelder Str. 4
36280 Oberaula
Tel.: 0 66 28/92 08 18
Fax: 0 66 28/92 08 88
touristikbuero@oberaula.de
www.oberaula.de

Der Golfplatz vom Jossgrund (18 Löcher) bietet mit mehreren Seen und über 90 Sandbunkern interessante Gestaltungselemente. Hoch über dem Kinzigtal, eingebettet zwischen Wiesen und Wäldern, liegt in Bad Soden-Salmünster/Alsberg ein reizvoller Golfplatz (18 Löcher) für anspruchsvolle Golfer. Die 18-Loch-Anlage im Golfclub Hof Trages in Freigericht wurde attraktiv und abwechslungsreich gestaltet. Sie bietet gepflegte Fairways und zahlreiche reizvolle Hindernisse in der naturbelassenen, leicht hügeligen Landschaft. Weitere 18-Loch-Plätze finden sich in Hösbach-Feldkahl, Hanau-Wilhelmsbad, Schotten, Lauterbach-Sickendorf, Friedberg, Bad Kissingen, Münnestadt, Lich, Hofbieber, Hünfeld, und zwei 9-Loch-Plätze in Bad Nauheim und Hünfeld.

Kurdirektion Bad Orb
Kurparkstr. 1
63619 Bad Orb
Tel.: 0 60 52/83 83
Fax: 0 60 52/47 80
kurgesellschaft@bad-orb.de
www.bad-orb.de

BROMBACHTAL

Golf-Club Odenwald

Der 18-Loch-Golfplatz erstreckt sich über mehrere Anhöhen des Landschaftschutzgebiets Naturpark Bergstraße-Odenwald. Aus einer Höhe von 350 Metern haben die Golfer von zahlreichen Abschlägen des Platzes einen großartigen Panoramablick, wobei kein Verkehrslärm die Golfrunde stört. Das Clubhaus mit Gastronomie wirkt durch seine liebevoll gestaltete Einrichtung gemütlich und einladend und hält für jeden Geschmack leckere Gerichte bereit. In regelmäßigen Abständen finden Schnupperkurse für Anfänger statt. Buchbar ist auch ein dreimonatiges Golf-Starter-Programm.

Golf-Club Odenwald e. V.
Kirchbrombach
Am Golfplatz 1
64753 Brombachtal
Tel.: 0 60 63/5 74 47
Fax: 0 60 63/5 74 48
golfclub-odenwald@t-online.de
www.golfclub-odenwald.de

BEERFELDEN

Golf- und Landclub Buchenhof-Hetzbach

An einem Südosthang über dem Beerfelder Ortsteil Hetzbach liegt die 9-Loch-Anlage Buchenhof. Dieser Platz kann fast das ganze Jahr über bespielt werden. Er beschert den Golfern herausfordernde Bahnen und einen faszinierenden Weitblick. Neben dem Hauptplatz bietet ein 6-Loch-Kurzplatz und eine Driving Range mit acht überdachten Abschlägen umfangreiche Übungsmöglichkeiten. Jeden Monat finden offene Turniere statt und es wird ein kostenfreies Jugendtraining angeboten.

Golf- und Landclub
Buchenhof-Hetzbach e. V.
Ritterstr. 8
64743 Beerfelden
Tel.: 0 60 68/91 20 50
Fax: 0 60 68/19 20 53
info@golfclub-buchenhof.de
www.golfclub-buchenhof.de

Mit dem Pferd durch Wald und Flur

Die hügelige Landschaft Nordhessens lässt das Herz eines jeden Reiters höher schlagen. Im Frühling führen die Wege über sanfte Wiesen und zwischen blühenden Obstbäumen hindurch. Im Sommer führt ein Ritt bei Vollmond zu geheimnisvollen Plätzen, im Herbst gehen die Reiter durch den Frühnebel von Burg zu Burg und im Winter durch den tiefverschneiten Märchenwald. Auf den Reiterhöfen sind Anfänger wie Fortgeschrittene willkommen. Das ist Urlaub für die ganze Familie auf idyllischen Bauernhöfen, wer mag, kann sein eigenes Pferd mitbringen. Die Höfe sind von Fachleuten qualitätsgeprüft. Für die Unterkunft stehen einfache Wanderreitquartiere, romantische Gutshöfe oder komfortable Landhotels zur Verfügung.

Nordhessen-Touristik
Humboldtstr. 4
34117 Kassel
Tel.: 05 61/8 16 44 86
Fax: 05 61/7 09 49 40
info@nordhessen.de
www.nordhessen.de

Reitvergnügen in der Schwalm, im Knüllgebirge, Habichtswald, Fuldatal und Kellerwald

Reitstation-Karte Kurhessisches Bergland
Touristik Service Kurhessisches Bergland
Parkstr. 6
34576 Homberg (Elze)
Tel.: 05681/775480
Fax: 05681/710614
khb@schwalm-eder-kreis.de
www.kurhessisches-bergland.de

Reiterferien sind für Pferdeliebhaber das größte Glück. Mitten in Deutschland finden Reiter Wege in dichten Wäldern, entlang bunter Felder, blauschimmernder Seen und idyllischer Bachläufe. Zahlreiche Reitstationen mit Gasthäusern, Hotels und Pensionen, geführten Wanderritten, geführten Geländeritten, Westernreiten, Verleihpferden, Kutsch- und Planwagenfahrten, Hufschmieden, Reitsportfachgeschäften, Tierärzten und Tierkliniken sind in der Reitstationen-Karte aufgeführt.

Reiterhof Witzenhausen

Der Reiterhof von Katrin Hildebrandt und Carsten Schaardt liegt direkt im romantischen Werratal am Stadtrand von Witzenhausen. Bis zu 28 junge und alte Pferdenarren können auf dem Hof in 6- bis 8-Bett-Zimmern untergebracht werden. Natürlich dreht sich auf dem Reiterhof zunächst alles ums Pferd. Wer aber zusätzlich einen erlebnisreichen Urlaub verbringen möchte, kann dies hier in Verbindung mit Reiten, Kanufahrten und Wandern tun. Katrin Hildebrandt ist ausgebildete "Pferdefrau". Carsten Schaardt ist für das Freizeit- und Sportprogramm für die Kids zuständig. Heide Schaardt, ausgebildete Erzieherin, sorgt für das leibliche und seelische Wohl. Der Bildhauer Wolfgang Schwerdt organisiert Modellierkurse und spezielle Programme für Jung und Alt. 25 bis 30 Pferde unterschiedlicher Größe und Rasse, vom Kaltblut bis zum Minipferd, aber auch Maultiere, zahlreiche Katzen, Schweinchen und Kaninchen gehören zum Hof. In unmittelbarer Nähe zum Reiterhof liegen die Fun-Arena, eine Spielfläche für verschiedene Ballsportarten, eine Tennis- und Squashhalle und der Kanuverein.

Reiterhof Witzenhausen
Am Sande 5
37213 Witzenhausen
Tel.: 0 55 42/14 05
Fax: 0 55 42/50 73 80
info@reiterhof-witzenhausen.de
www.reiterhof-witzenhausen.de

LICHTENFELS-NEUKIRCHEN

Reiterlandhof Kamm

Pferdefreunde, die einen Reiturlaub mit einer Wellnesswoche verbinden möchten, machen Urlaub auf dem Reiterlandhof in Lichtenfels-Neukirchen. Reitunterricht wird auch erteilt.

Zum Relaxen gibt es Schwimmbad, Sauna, Massagen, Aromatherapie, Kräuterwanderung und Ausflüge in die schöne Umgebung mit dem Fahrrad.

Reiterlandhof Kamm
Zum Vogelbusch 4
35104 Lichtenfels-Neukirchen
Tel.: 0 64 54/8 12
Fax: 0 64 54/16 88
urlaub@reiterlandhof.de
www.reiterlandhof.de

Quellentalhof

Der Reithof mit 14 Pferden (Fjord, Quarter, Shetty, Camarque) liegt idyllisch im Ortsteil Quentel inmitten einer abwechslungsreichen Mittelgebirgslandschaft. Rita Schodder und Klaus Pfetzing vom Quellentalhof bieten ein vielfältiges Programm für Pferdefreundinnen und Pferdefreunde. Der Reitunterricht umfasst auch das beliebte Westernreiten und die Leichte Reitweise. Der Unterricht erfolgt auf dem Platz und im Gelände, einzeln und in Gruppen. Das heilpädagogische Reiten wird von ausgebildeten Fachkräften durchgeführt. Die Wochenendseminare, Kompaktkurse und Spezialangebote für Pferde und ihre Besitzer haben zum Ziel, eine vertrauensvolle Beziehung zwischen Mensch und Partner Pferd aufzubauen und so zum harmonischen Reiten zu gelangen. Höhepunkt der Ausbildung auf dem Quellentalhof ist das Wanderreiten.

Gäste und Reitschüler haben einen Aufenthaltsraum, eine geräumige Sattelkammer, einen Grillplatz und am Bach Müllmich einen Pavillon zur Verfügung, wo sie entspannen und träumen können. Für Schlafgäste gibt es Übernachtungsmöglichkeiten im Haus und gemütliche Ferienwohnungen nahebei.

Quellentalhof
Quellentalstr. 61
37235 Hessisch Lichtenau/Quentel
Tel.: 0 56 02/12 74
Fax: 0 56 02/25 77
info@quellentalhof.de
www.quellentalhof.de

Kolping-Feriendorf und Wanderreitbetrieb Fuchsbau

Der Vogelsberg ist der größte, erloschene Vulkan Europas. Ausgedehnte Wald- und Wiesenflächen und gute Wege erwarten den Reiter auf seinen Wanderungen durch die Natur in einmaliger Mittelgebirgslandschaft. Für die ganze pferdebesessene Familie gibt es Wanderreiten, Reitkurse, Reitabzeichen oder Familienurlaub mit eigenem Pferd. Immer unter dem Motto: Ziehen Sie auf eigene Faust los oder schließen Sie sich ortskundiger Führung an. Über das Vogelsberggebiet gibt es eine ausführliche Reitstationen-Karte.

Im Kolping-Feriendorf Herbstein machen Familien Urlaub, Kinder, Jugendliche und Erwachsene finden hier, auch mit dem eigenen Pferd, wunderschöne Möglichkeiten, die Umgebung des schmucken Dorfes im Vogelsberg zu erkunden.

Mit den Pferden vom Wanderbetrieb Fuchsbau genießen Reiter die vielfältige Natur des Vogelsbergs. Die Islandpferde des Fuchsbaus sind unermüdliche Begleiter, die sich durch ihre

handliche Größe, ein angenehmes Temperament, unerschütterliche Gelassenheit und weiche Gänge auszeichnen. Aber Achtung: Es besteht Suchtgefahr! Wer einmal einen schier endlosen Waldweg mit einem guten Islandpferd im Tölt entlang geritten ist, wird unweigerlich süchtig. Auf vielen tausend Wanderreitkilometern haben die Pferde den Reitern einen unbeschwerten Urlaubsspaß geschenkt. Während des Ritts wird das Gepäck im Pkw transportiert, unterwegs erwarten abwechslungsreiche Picknicks auf die Wanderreiter und am Ende des Reittags bieten gastliche Landhotels Quartier für Mensch und Tier.

Reitstationen-Karte Vogelsberg
www.reitstationen.de

Kolping-Feriendorf Herbstein
36358 Herbstein
Tel.: 0 66 43/70 20
Fax: 0 66 43/70 21 41
info@kolping-feriendorf.de
www.kolping-feriendorf.de

Wanderreitbetrieb Fuchsbau
Seentalstr. 24
35305 Grünberg-Lardenbach
Tel.: 0 64 00/60 83
Fax: 0 64 00/20 18 79
info@fuchsbau-rodinger.de
www.fuchsbau-rodinger.de

LAUBACH-WETTERFELD

Gestüt Azzayani

Im Laubacher Stadtteil Wetterfeld gibt es das einzige Araber-Berber-Gestüt Deutschlands. Es entstand nach 1000 Kilometer langen Survival-Tours im Norden Afrikas, schwierigen Verhandlungen mit den marokkanischen Behörden sowie mit viel Geduld. Doch die Anstrengungen haben sich gelohnt, wenn man die kompakten Pferde und Fohlen über die großzügigen Weiden bei Wetterfeld galoppieren sieht.

Ganzjährig finden sonntags etwa fünfstündige Ausritte mit den edlen Pferden statt, anschließend wird ein Imbiss gereicht. An einem Erlebniswochenende lernen die Kursteilnehmer viel über Araber-Berber-Pferde, über Pflege und Zucht. Ein Info-Abend führt in die Pferdewelt Marokkos ein und die Gäste wer-

Batija heißt der erste Araber-Berber-Schecke

den mit einem marokkanischen Essen verwöhnt. Gemeinsame Ausritte stehen täglich auf dem Programm. Und wer die Heimat der Araber-Berber kennen lernen möchte, für denn bietet das Gestüt Marokko-Trails an. Während der zehn Tage dauernden Reise gibt es viel zu sehen und zu bestaunen. Die Wanderungen mit den Araber-Berbern führen in die faszinierende Bergwelt mit ihren traumhaften Reitwegen, entlang von Flüssen, durch vergessene Täler und über Berge mit Olivengärten, Feigen und Wein, durch romantische Berberdörfer und vorbei am Grabmal des legendären Berberführers Azzayani.

Und wer Gefallen an diesen zauberhaften Pferden gefunden hat, für den hat Gestütinhaberin Dr. Susanne Geipert sicher auch ein passendes Kaufpferd im Stall.

Gestüt Azzayani
Mühlgasse 18
35325 Laubach-Wetterfeld
Tel.: 0 64 05/50 07 89
Fax: 0 64 05/5 01 04 02
info@araber-berber.de
www.araber-berber.de

Reitzentrum, Ferienhof und Hofgut

Die Feriengegend Mooser Seen liegt zwischen Grebenhain und Freiensteinau. Das Reitzentrum Nieder-Moos bietet eine große, komfortable Reithalle mit Pferdeboxen und Paddocks. Für einen längeren Aufenthalt am Wochenende oder für eine ganze Woche stehen Appartements zur Verfügung. Es gibt fachlich durchgeführten Reitunterricht, auch im Spring- und Dressurreiten, sowie heilpädagogisches Reiten.

Pferdefreunde finden auf Spielmanns Ferienhof ein gemütliches Haus für Reiterferien, Wanderritte und den Familienurlaub. Zum Angebot gehören Ponyreiten, geführte Geländeritte, Planwagenfahrten, Grillabende und Lagerfeuer, vogelkundliche Wanderungen, Nachtwanderungen und Radelfahrten entlang des fantastischen Vulkanradwegs.

Das Hofgut am Ziegelteich, ein historischer Vierseitenhof, bietet ganzjährig eine Ferienwohnung, auch als Gästezimmer, sowie ein Heulager für Übernachtungen im Heubett an. Ein gemütlicher Innenhof und der große Garten laden zum Entspannen ein. Für die Vierbeiner gibt es Boxen, Paddockboxen, Laufställe und Weiden. Reiter erhalten ausgearbeitete Streckenkarten. Auch begleitete Ausritte finden statt. In der großen Reithalle werden rund ums Pferd Seminare und Kurse veranstaltet. Beliebt ist das abendliche Beieinander am Holzfeuer in der Seminarscheune.

Reitzentrum Nieder-Moos
Hinterweide 5
36399 Freiensteinau-Nieder-Moos
Tel.: 0 66 44/91 89 86
Fax: 0 66 44/91 89 87
www.vulkan-reiter.de

Spielmanns Ferienhof
Borngasse 9
36399 Freiensteinau-Ober-Moos
Tel.: 0 66 44/18 77
Fax: 0 66 44/91 92 78
www.spielmanns-reiterhof.de

Hofgut am Ziegelteich
Höhenstr. 3
36399 Freiensteinau-Reichlos
Tel. und Fax: 0 66 69/91 95 45
info@eljays.de
www.eljays.de

Reiten im Spessart

Urlaub ist schön, Pferde sind schön, der Spessart ist märchenhaft schön. Wie schön muss dann erst ein Urlaub mit Pferden im Spessart sein, wo die Räuber übrigens schon lange nicht mehr ihr Unwesen treiben. Der Spessart ist eines der größten zusammenhängenden Mischwaldgebiete Deutschlands mit romantischen Städten und heimeligen Dörfern, historischen Schlössern und trutzigen Burgen, und der Spessart ist ein ideales Reiterparadies. Durch seine zentrale Lage sind die Reitstationen bequem zu erreichen. Die Reitstationen-Karte nennt Ross und Reiter, wo ein eigenes Pferd willkommen und wo eines gemietet werden kann, wo sich Gasthäuser, Hotels und Pensionen befinden, wo es sich gut wandern lässt, wo Tierärzte, Schmieden und Sattlereien bereit stehen. Gepäckservice und Pferdetransport stehen ebenfalls zur Verfügung. Selbstverständlich werden überall auch Reitkurse angeboten.

Reitstationen-Karte Spessart und Main
Touristik-Service
Spessart-Kinzigtal-Vogelsberg
Barbarossastr. 28
63571 Gelnhausen
Tel.: 0 800/77 37 72 78
Fax: 0 60 51/48 07 20
tourismus@wfmkk.de
www.spessart-tourismus.de

Hessischer Reit- und Fahrverband
Wilhelmstr. 24
35386 Dillenburg
Tel.: 0 27 71/8 03 40

über 100 hessische Reitgebiete stellen sich vor:
www.reiterland-hessen.de

Hot Sport Seepark

Wassersportler finden hier einen See der Spitzenklasse. Unter Palmen liegt hier Nieder"Hawaii"mar. Fast alles ist möglich: Baden, planschen, schwimmen – selbstverständlich! FKK-Strand: vorhanden. Surfen, tauchen, angeln, sonnen, Spielplatz für die Kids, Wassertrampolin, Beachvolleyball, Windsurfen, Wasserski, Riesen-Wasserrutsche, Wakeboarden: Alles da! Mit der Wakeboard- und Wasserskianlage können übrigens Spitzengeschwindigkeiten bis zu 60 km/h erreicht werden. Spaß macht es aber natürlich auch bei 30 km/h. An dem 560 Meter langen Umlaufseil können sechs Wassersportler gleichzeitig mitfahren. Geübte fahren zu zweit oder zu dritt nebeneinander. Im Sommer finden Wettkämpfe auf dem Wasser und am Strand, Beachpartys und viele andere vergnügliche Veranstaltungen statt. Fürs leibliche Wohl sorgen die SunSee-Bar, die Schirmbar sowie ein Bike- und Inliner-Café. Der Radweg von Kirchhain bis Gießen führt direkt am See vorbei.

Wer lieber in die Luft gehen möchte, probiert es mit dem Gleitschirm, bei Hot Sport wird gezeigt, wie man´s richtig macht.

Hot Sport Sportschulen GmbH
Breslauer Str. 12
35096 Niederweimar
Tel.: 0 64 21/1 23 45
Fax: 0 64 21/7 74 55
info@hotsport.de
www.hotsport.de

Öffnungszeiten
1. Mai – 22. Sept., tägl. 9 – 21 Uhr

Gleitschirmschule
Hot Sport Sportschulen GmbH
Burg Ronneburg
63549 Ronneburg
Tel.: 0 64 21/1 23 45
Fax: 0 64 21/7 74 55
info@hotsport.de
www.hotsport.de

SPEZIELLER WASSERSPORT-TIPP

Der große, saubere Edersee, der riesige Stausee im Naturpark Kellerwald im Waldecker Land, bietet eine Fülle an schönen Erlebnissen. Wie wäre es mit einem Ausflug in den Aquapark mit Wasserstrudel, Wassertreppe, Wasserrutsche, Wasservorhang und vielem mehr. Auf dem langgestreckten See wird geschwommen, getaucht, gesurft, geangelt, gesegelt und Wasserski und Wakeboard gefahren.

Wassersportcenter Sun & fun
34549 Edertal/Edersee
Sperrmauer-Ostseite
Tel.: 0 56 23/49 01
Fax: 0 56 23/33 19
skipp@sun-fun.de
www.sun-fun.de
Tauchbasis Edersee
Tel.: 0 56 23/60 50

Aquapark
Öffnungszeiten
Ostern – Okt.
Eintritt frei

Windsurfschule
Edertal-Bringhausen
Tel.: 0 56 23/25 82

Gelita Nordic Walking Beerfelder Land

Das sportlich-flotte Gehen mit Spezialstöcken entwickelt sich zu einem der beliebtesten Laufsportarten. Es kann von jedem gesunden Menschen durchgeführt werden. Sein gesundheitlicher Nutzen ist erwiesen und Spaß macht das flotte Gehen auch noch – und zwar zu jeder Jahreszeit, sogar durch den winterlichen Wald bei Nacht. Eine Stirnlampe leuchtet den Weg und warme Kleidung schützt vor rauen Winden.

In Beerfelden wurden mit Fachleuten vom Nordic Ausbildungszentrum in Eberbach-Beerfelden drei Strecken im Beerfelder Land ausgearbeitet und nach den neuestes Richtlinien der Sporthochschule Köln und dem Institut für Natursport und Ökologie homologiert. Der mehrfache Weltmeister und Olympiasieger im Skispringen, Martin Schmitt, trainierte bereits auf der Gelita Nordic Walking Strecke.

Für Einsteiger gibt es eine 3,86 Kilometer lange blaue Strecke (Parkplatz Sensbacher Höhe an der Landstraße zwischen Beerfelden und Sensbachtal). Die rote Strecke ist 6,48 Kilometer lang und eignet sich für ambitionierte Walker (Parkplatz Buchhelle an der Umgehungsstraße von Beerfelden). Die schwarze Strecke ist fast 8 Kilometer lang und für trainierte Walker gedacht (Parkplatz wie bei der roten Strecke).

Gelita Nordic Walking
Tourist-Information
Beerfelder Land
Metzkeil 1
64743 Beerfelden
Tel.: 0 60 68/93 03 20
Fax: 0 60 68/35 29
stadtverwaltung@beerfelden.de
www.beerfelden.de

Genussfahrten auf Flüssen und Seen

Die Engländer haben den romantischen Rhein zuerst für sich entdeckt. Das Rheintal mit seinen geheimnisumwitterten Burgen und Schlössern zieht die Menschen aus aller Welt an. Entlang des berühmten Flusses legen an allen Orten schöne weiße Schiffe an, die ihre Gäste durch das reizvolle Rheintal fahren. Neben Panorama-Rundfahrten finden Kaffeefahrten, abendliche Tanzveranstaltungen, Partys und Weinproben statt. Die KD-Schiffsanlegestelle in Wiesbaden befindet sich am Biebricher Schloss, die Fahrt führt durch den Rheingau über Rüdesheim bis Koblenz. Ein besonderes Erlebnis ist die Fahrt mit dem historischen Schaufelraddampfer „Goethe“ auf der Nostalgie-Route.

Der Nostalgie-Dampfer „Goethe“

Bereits in der sechsten Generation fährt die Familie Rössler mit ihren Fahrgastschiffen auf dem Rhein. Im 19. Jahrhundert waren es noch einfache Holznachen, die im Fährbetrieb eingesetzt wurden. 2003 wurde ein Fahrgastschiff der Luxusklasse von Miss Loreley auf den Namen “Rein Star” getauft. Die Schiffe der Rössler-Linie verkehren das ganze Jahr über täglich zwischen Rüdesheim und der Loreley. Neben verschiedenen Rundfahrten gibt es Abendfahrten mit Live-Musik und Tanz,

Das neue Fahrgastschiff der Rössler-Linie

Feuerwerksfahrten, Partys und natürlich können die Schiffe für Feste, Tagungen und Familienfeiern gechartert werden.

Die Primus Linie fährt das ganze Jahr hindurch auf dem Main. Rund ums Jahr gibt es zahlreiche Sonderfahrten wie beispielsweise Riversight-Dinner, Weihnachtissimo, Silvester-Cruise, Fahrten mit Akrobatik, Musik, Comedy und Gesang, Kaffeefahrten, Salsa-Disco usw. Auch die Nachtfahrten vor der beleuchteten Frankfurter Skyline sind ein großartiges Erlebnis. Mit den luxuriösen Schiffen der Primus-Linie geht´s mainaufwärts bis nach Seligenstadt und Aschaffenburg, und main- und rheinabwärts nach Rüdesheim, zur Loreley und zum Weinfest nach Oberwesel. Eine Hochzeitsfeier auf einem Schiff mit buntem Büfett, Musik und Tanz ist für alle Beteiligten ein unvergessliches Ereignis.

An Bord eines der Schiffe der Primus Linie

Das Fahrgastschiff "Wappen von Limburg" von H. R. Heldmann fährt von April bis Oktober auf der Lahn. Abfahrt ist der Schiffsanleger am Eschhöfer Weg. Die kleine Rundfahrt führt von Limburg über Dietkirchen nach Dehrn und zurück. Für die große Fahrt startet die "Wappen von Limburg" wieder in Limburg am Schiffsanleger und fährt vorbei an Schloss Oranienstein, Diez und Fachingen bis Balduinstein, einem lieblichen Ferienort am Fuße der Schaumburg.

Der Neckar, ein Nebenfluss des Rheins, liegt in einer reizvollen Landschaft, umsäumt von sanften Hügeln mit Burgen und Schlössern. Von Hirschhorn fahren Fahrgastschiffe nach Eberbach, Neckarsteinach, Neckargemünd und Heidelberg. Von hier geht's weiter den Rhein hinunter bis Wiesbaden und Rüdesheim. Ein schönes Erlebnis ist, die Vier-Burgen-Beleuchtung in Neckarsteinach vom Schiff aus zu erleben. Die Burgenbeleuchtung findet an einem Samstag Ende Juni und Juli statt.

Auf den großen Edersee laden moderne Fahrgastschiffe zu erlebnis- und genussreichen Ausflügen ein.

KD Köln-Düsseldorfer Rheinschiffahrt AG
Frankenwerft 35
50667 Köln
Tel.: 02 21/2 08 83 18
Fax: 02 21/2 08 83 45
info@k-d.com
www.k-d.com

Rössler-Linie
Fahrgastschifffahrt
65385 Rüdesheim-Assmanshausen
Tel.: 0 67 22/23 53
Fax: 0 67 22/45 19
info@RoesslerLinie.de
www.RoesslerLinie.de

Primus-Linie
Mainkai 36
60311 Frankfurt am Main
Tel.: 0 69/1 33 83 70
Info-Hotline: 0 69/13 38 37 13
Fax: 069/282886
mail@primus-linie.de
www.primus-linie.-de

Fahrgastschiffahrt
Hans Rudolf Heldmann
Schleusenweg 2
65549 Limburg
Tel.: 0 64 31/39 84
Fax: 0 64 31/2 63 23
info@Lahnschiffahrt.de
www.Lahnschiffahrt.de

Rhein-Neckar-Fahrgastschifffahrt
Am Neckarlauer
69239 Neckarsteinach
Tel.: 0 62 29/5 26
Fax: 0 62 29/70 88 36
info@rnf-schifffahrt.de
www.rnf-schifffahrt.de

Personenschiffahrt Edersee
Ederseerandstr. 8 b
34513 Waldeck
Tel.: 0 56 23/54 15
Fax: 0 56 23/51 49
personenschiffahrt-edersee@t-online.de
www.personenschiffahrt-edersee.de

Kulturgenuss in Stadt und Land

Bildnachweis

Hessen sind kulturbesessen. Sie lieben die volkstümlichen Klänge genauso wie Orchester-, Kammer- oder Orgelmusik, Rock und Pop und Jazz. Ein besonderes Fest ist der Hessentag, jedes Jahr in einer anderen Stadt. Hier vereinen sich alte Traditionen und Hightech, Kultur und Kulinarisches. Die Kultursommer in Nord- und Südhessen finden auch in der ländlichen Idylle statt: in Scheunen und Höfen, in Schlössern und Klöstern. Weltgeltung hat die documenta in Kassel. Musikfreunde freuen sich auf das Rheingau Musik Festival, das Bluesfestival in Laubach und das Hessen-Jazz-Festival in Idstein. Theaterfans schwärmen von den Festspielen in Bad Hersfeld vor der romantischen Kulisse der Stiftsruine. Urig bei Wein und Weck geht´s auf der Bühne des Amtshofs während der Heppenheimer Festspiele zu. Und Leseratten jeglichen Alters machen sich im Oktober auf nach Frankfurt zur Buchmesse.

Hessentag

Einst hatte der hessische Ministerpräsident Georg August Zinn den Hessentag 1961 ins Leben gerufen. Ein großes, schönes Fest sollte alle Hessen und Zugereiste verbinden. Am Anfang stand die Darstellung des hessischen Brauchtums im Vordergrund. Heute ist der Hessentag eine informative und kulturelle Veranstaltung für Jung und Alt. Für jeden ist etwas dabei: Theater, Volksmusik, klassische Töne und Rock und Pop. Darüberhinaus werden alte Handwerksberufe ebenso präsentiert wie Hightech-Produkte aus Hessen. Da Feiern bekanntlich hungrig und durstig machen, gibt es während des zehntägigen Hessentags das Beste aus Hessens Küchen und Kellern. Jede Stadt ist hocherfreut, wenn sie Austragungsort dieses traditionellen Festes wird. Die Stadt kann sich aufs Schönste herausputzen, um die 800 000 Besucher in ihrer Stadt gebührend aufzunehmen. Höhepunkt jedes Hessentags mit über 100 Einzelveranstaltungen ist der große Festumzug am Sonntag.

Hessentag
18. – 27. Juni 2004 in Heppenheim
2005 in Weilburg
2006 in Hessisch Lichtenau
2007 in Butzbach
2008 in Homburg (Efze)
www.hessen.de

Kultursommer Nordhessen

Von Anfang Juli bis Ende August findet in Nordhessen der vielfältige Kultursommer statt. Er gilt als die älteste sommerliche Kulturveranstaltung in Hessen. Die Macher verknüpfen Qualität mit Atmosphäre, der Kulturgenuss stellt sich beim Sehen und Hören ein. Die verschiedenen Veranstaltungen finden nicht nur in den Städten, sondern auch im ländlichen Raum statt. So ein Kultursommer kann beispielsweise beginnen

Im Innenhof des Schlosses Meinhard-Jestädt; Seite 168/169: Sinfonie in der Scheune, Bad Emstal-Merxhausen

mit einem Picknick auf der Wiese vor Schloss Wilhelmsthal. Kinder- und Familienprogramme finden in Scheunen oder auf einem Gut statt. Es gibt Sinfoniekonzerte und Kammermusik, Operettenfreunde gehen in die Kulturfabrik und Folk findet im Schloss Friedrichstein ebenso statt wie Gitarren-, A-Cappella- und Harfenabende in Kirchen und auf Höfen. Zum Programm gehören auch Liederabende, Mundartlesungen, Ballett, Kabarett und Jazzkonzerte.

Kultursommer Hordhessen & Kasseler Musiktage
Heinrich-Schütz-Allee 33
34131 Kassel
Tel.: 05 61/9 88 39 30
Fax: 05 61/98 83 93-33
info@kultursommer-nordhessen.de
www.kultursommer-nordhessen.de
www.kasseler-musiktage.de

SÜDHESSEN

KUSS Kultursommer Südhessen

Seit über zehn Jahren findet in der Regel von Anfang Juni bis Ende September im Gebiet der Landkreise Darmstadt-Dieburg, Offenbach, Groß-Gerau, Bergstraße, Odenwaldkreis und in der Wissenschaftsstadt Darmstadt der KUSS, der Kultursommer Südhessen mit abwechslungsreichem Kulturprogramm statt. Dazu gehören zum Beispiel Konzerte auf Burgen und Schlössern, das Südhessische Straßentheaterspektakel, das Interkulturelle Musik-Camp in Ernsthofen, die Domorganisten auf "Orgelwanderung", die Tage der offenen Ateliers, Lesungen, Jazz, Kabarett, ein an- und aufregendes Kinder- und Jugendprogramm.

KUSS Kultursommer Südhessen e.V.
Geschäftsstelle beim Regierungspräsidium Darmstadt
Luisenplatz 2
64283 Darmstadt
Tel.: 06151/124396
Fax: 06151/124397
kuss@rpda.hessen.de
www.kultursommer-suedhessen.de

KUSS veranstaltet auch Kulturmanagement-Seminare zu Themen wie Sponsoring und fördert kulturelle Aktivitäten. Bewerbungsunterlagen hierzu gibt es im Internet und bei der Geschäftsstelle.

KASSEL

documenta

Alle fünf Jahre ist es soweit, da findet im nordhessischen Kassel die documenta statt, die vielbeachtete internationale Kunstausstellung, die erstmals 1955 veranstaltet wurde.

Im gesamten Stadtgebiet trifft der Betrachter auf Spuren bekannter und unbekannter Künstler: Aphorismen auf Häuserwänden, eine riesige Spitzhacke in den Fuldaauen, 7000 Eichen und Basaltsteine von Joseph Beuys. Auf der documenta präsentiert sich die internationale Kunstszene der Gegenwart. Den Kern der Ausstellung bilden das Fridericianum, der Kulturbahnhof, die documenta-Halle sowie neuerdings die alten Werkhallen einer Bierbrauerei. Wer wissen möchte, wie die Kunstszene der Gegenwart aussieht, muss die documenta in Kassel besuchen – ein Kunstgenuss der ganz besonderen Art.

Der „Himmelsstürmer", eine Großplastik von Jonathan Borowski, gehort seit der documenta IX zum Stadtbild von Kassel

Künstlerischer Leiter der documenta XII im Jahr 2007 ist Roger M. Buergel. Der Hessische Kunstminister Udo Corts: "Die documenta ist die bedeutendste Ausstellung für moderne Kunst, auf die Kassel und das Land Hessen sehr stolz sein können. Sie trägt als Markenzeichen zum Renommé des Standorts Hessens ... und zur Bekanntheit der deutschen Kultur in Europa und in der ganzen Welt bei. 650 000 Besucher auf der letzten Ausstellung und 15 000 Zeitungsberichte weltweit über die documenta sprechen für sich."

documenta
Friedrichsplatz 18
35117 Kassel
Tel.: 05 61/70 72 70
Fax: 05 61/7 07 27 39
office@documenta.de
www.documenta.de

Termin
16. Juni – 23. Sept. 2007

Deutsches Jazz Festival

In Frankfurt, der deutschen Jazzstadt, gibt es für Eingeweihte die Jazzgasse, die auf dem Stadtplan Kleine Bockenheimer Straße heißt, und zwischen Fressgass und Goethestraße liegt. Vor dem Jazzkeller, einem der ältesten Jazzlokale Europas, 1952 gegründet, steht ein schräger Notenschlüssel als Zeichen für "schräge" Musik. Hier spielte auch schon einmal Louis Satchmo Armstrong. Und manchmal ist hier auch noch Albert Mangelsdorff zu hören, der beste Posaunist der Welt. In der Nachbarschaft steht das Jazzhaus.

Seit 1953 findet jedes Jahr in Frankfurt das Jazz Festival statt, welches vom hr Hessischen Rundfunk veranstaltet wird. Dann stehen die hr-Big Band, nationale und internationale Musiker auf der Bühne.

Deutsches Jazz Festival
Hessischer Rundfunk
Bertramstr. 8
60320 Frankfurt am Main
Tel.: 0 69/15 51
Fax: 0 69/155 29 00
www.hr-online.de

Termin
Ende Okt. Fr. – Mo.

Jazzkeller
Jazzgasse/
Kleine Bockenheimer Str. 18 a
Frankfurt am Main
Tel.: 0 69/28 49 27
Programmhinweis
Tel.: 0 69/28 85 37
info@jazzkeller.com
www.jazzkeller.com

Öffnungszeiten
Mi. – Sa. 21 – 3 Uhr

Blues, Schmus & Apfelmus – Hessisches Bluesfestival

Welch wohlklingender und appetitanregender Name für eine Kulturveranstaltung im und am Schlosspark zu Laubach. Im Jahr 2003 fand das Hessische Bluesfestival bereits zum zehnten Mal statt. Die Veranstalter bringen internationale Bands auf die gelbe Bühne, die hr-Bühne, ins Mundart-Zelt, das Apfelweinzelt, das Zirkuszelt und in die evangelische Stadtkirche, wo der Blues-Chor Laubach auftritt. Es singen und spielen Musiker aus Hessen, bekannte Bluesgrößen aus den USA und von überall dort, wo man den Blues hat. Für Kinder gibt´s ein Apfel-Theater, werden Workshops veranstaltet und Ausstellungen gezeigt. Zum Rahmenprogramm des Festivals gehört auch der Apfel- und Bauernmarkt mit Apfelwalzer, frittierten Apfelringen, Apfelwein, Apfelkuchen, Apfelbrei, Apfel-Schoko-Küssen, Apfellikör, Apfelsaft, Apfelgelee und Apfelschnaps, aber auch Popkorn, gegrillten Maiskolben, Cappucino, Espresso, Spezialitäten aus Italien und hessischem Bauernbrot. Ohr und Bauch – was willst du mehr!

Blues, Schmus & Apfelmus
Kultur- und Tourismusbüro
Rathaus
35321 Laubach
Tel.: 0 64 05/92 13 21
Fax: 0 64 05/92 13 13
tourist-info@laubach-online.de
www.laubach-online.de

Termin
Ende Aug., Fr. – So.

Hessen-Jazz-Festival

Ein Spaziergang durch das idyllische Idstein im Taunus, 2002 Austragungsort des Hessentags, ist eine Reise durch die Jahrhunderte. Von den zahlreichen schönen alten Fachwerkbauten aus dem 15. bis 18. Jahrhundert seien hier nur das steinerne Rathaus am König-Adolf-Platz von 1698 erwähnt, das Torbogenhaus von 1497, das Alte Amtsgericht von 1588, ein Steinbau mit Fachwerkgiebel. Der Bergfried, auch Hexenturm genannt, der an die Hexenprozesse von 1676 erinnert, ist von 1355 und damit das älteste Gebäude der Stadt. Während des Jazz-Festivals tummeln sich an seinem Fuß die Kunst- und Kulturgenießer. An drei Sommertagen pilgern die Jazzfreunde in den Taunus, dann findet in Idstein Hessen-Jazz der Extraklasse statt, eines der größten Jazz-Festivals Deutschlands. Auf zwölf Bühnen in der Altstadt triumphiert der traditionelle Dreiklang von Trompete, Posaune und Klarinette. Hier findet Jazz in allen Variationen statt: Swing, Blues, Bebob, Cool Jazz, Free- und Latin-Jazz. Jedes Hessen-Jazz-Festival steht unter einem besonderen Thema. Während die Großen den Ohrenschmaus genießen, hüpfen die Kleinen in der Hüpfburg, lassen sich bunte Farben ins Gesicht malen, Kindertheater und Zauberer bringen die Jüngsten zum Lachen. So wie die Musik, ist auch das kulinarische Angebot vielfältig und köstlich. Ausstellungen ergänzen das Festival.

Hessen-Jazz-Festival
Verkehrsverein
Rathaus
65510 Idstein
Tel.: 0 61 26/7 82 71
Fax: 0 61 26/7 82 09
hessen-jazz@idstein.de
www.idstein.de
Termin
3 Tage am Wochenende Mitte Juli

Bad Hersfelder Festpiele

Bad Hersfelder Festspiele
Stiftsruine Nachtigallenstraße
Am Markt 1
36251 Bad Hersfeld
Tel.: 0 66 21/7 43 04
Tel.: 0 66 21/20 13 13
Fax: 0 66 21/20 13 46
festspiele@bad-hersfeld.de
www.bad-hersfelder-festspiele.de

Termin
6 Wochen im Sommer

Hübsch anzusehen liegt Bad Hersfeld zwischen Knüllwald und Seulingswald. Die Kur- und Festspielstadt blickt bereits auf eine über 1000-jährige Geschichte zurück, wovon die zahlreichen historischen Gebäude Zeugnis ablegen. Im 9. Jahrhundert errichteten die Benediktiner hier ein Kloster, dessen Kirche 1761 ein Raub der Flammen wurde. Stehen blieb der Katharinenturm mit der ältesten deutschen Glocke von 1056. Weit über die Grenzen des Städtchens hinaus bekannt wurde die Stiftsruine erst, seit hier seit 1951 vor der wildromantischen Kulisse die Bad Hersfelder Festspiele veranstaltet werden. Auf dem Programm stehen Klassiker wie Shakespeare, Goethe, Schiller, Goldoni, aber auch Dürrenmatt und manchmal ein Musical. 2004 schleichen wilde Tiere durch die Stiftsruine, Kaa, die Schlange, der Tiger Shir-Khan, der Bär Balu und natürlich der kleine Mogli. Die Aufführung des Dschungelbuchs wird ein Erlebnis für Jung und Alt.

Freilichtmuseum Hessenpark

Der Ortsdiener oder Ausscheller gibt den Festbeginn bekannt

Im Hessenpark, einem großen Freilichtmuseum, ist alles echt: Der Misthaufen mit Federvieh und alle Bauten. Über 90 Gebäude wurde an ihrem ursprünglichen Standort, wo sie nicht mehr erhalten werden konnten, abgebaut und originalgetreu im Hessenpark wieder errichtet. Bei den Gebäuden handelt es sich um Wohnhäuser, Scheunen, Speicher, Stallungen, Amtshäuser, Rathäuser, Schulen, Kirchen, Synagogen, Werkstätten der Handwerker, Mühlen, ein Backhaus, ein Marktladen und ein Wirtshaus. Sie alle sind in Hofanlagen, zu einem Marktplatz und in regionalen Baugruppen zusammengefasst. Die Gebäude sind ihrer Zeit entsprechend eingerichtet. Bäcker, Korbmacher, Schmied und andere Handwerker lassen sich bei der Arbeit zuschauen. In den Hofläden werden landwirtschaftliche und handwerkliche Produkte verkauft. Im Hessenpark wird auch feste gefeiert. Und es finden zahlreiche Veranstaltungen, Ausstellungen, Bauernmärkte und vieles andere statt. Die Führungen sind verschiedenen Themen gewidmet – zum Beispiel dem Fachwerkbau, früheren Formen der Landwirtschaft, dem Weg des Getreides vom Feld über die Mühle zum Backhaus, den sakralen Bauten, den Frauen auf dem Lande.

Im Hessenpark liegt auch das Wirtshaus Zum Adler, ein prächtiger Fachwerkbau, der 1712 im Odenwald errichtet worden war. Heute steht er im Hessenpark am Marktplatz und ist ein "Hessen à la carte"-Restaurant mit typisch hessischer Kochkunst. Es werden saisonal frische landwirtschaftliche Erzeugnisse der Region mit Sorgfalt zu wahren Köstlichkeiten verarbeitet.

Seit Anfang 2003 steht am Marktplatz des Landhotel Zum Hessenpark. Es handelt sich um eine Rekonstruktion der Häuserzeile aus Handwerks- und Kaufmannshäusern, die vom Anfang des 20. Jahrhunderts bis zur Kriegszerstörung 1944 in Gießen stand. Ein Haus mit historischem Ambiente, aber mit modernem Komfort.

Freilichtmuseum Hessenpark
61267 Neu-Anspach
Tel.: 0 60 81/58 80
Fax: 0 60 81/58 81 60
www.hessenpark.de

Öffnungszeiten
1. März – 30. Apr. und
1. Sept. – 31. Okt. tägl. 9-18 Uhr,
1. Mai – 31. Aug. tägl. 9 – 20 Uhr

Wirtshaus Zum Adler
im Hessenpark
61267 Neu-Anspach
Tel.: 0 60 81/55 15
Fax: 0 60 81/55 94
wirtshaus-zum-adler@t-online.de
www.wirtshaus-im-hessenpark.de

Feste im Hessenpark
Traditionelles Ostereiermalen, vor Ostern.
Dippe- und Bauernmarkt, Ende Mai.
Bauernmarkt, einmal im Monat.
Handwerkertag, So., Ende Juni.
Kinderwoche, Sa. – Fr., Ende Aug.
Hessisches Hopfenfest, Sa. – So., Ende Aug.
Treckerfest, Sa. – So., Anf. Okt.
Apfelfest, Fr. – So., Anf. Okt.
Erntefest, Anf. Okt.
Historisch-ländlicher Weihnachtsmarkt, Sa. – So., Mitte Dez.

Landhotel Zum Hessenpark im Hessenpark
61267 Neu-Anspach
Tel.: 0 60 81/4 46 70
Fax: 0 60 81/44 67 10
info@landhotel-hessenpark.de
www.landhotel-hessenpark.de

Salonkultur im Brentanohaus

Das lebendige Schauen verdanke ich der geliebten wie verehrten Familie Brentano, die mir an den Ufern des Rheins, auf ihrem Landgute zu Winkel viele glückliche Stunden bereitete."

So beschrieb Goethe im Herbst 1814 seine Besuche im Brentanohaus. Das Haus wurde im18. Jahrhundert errichtet und gehört seit zwei Jahrhunderten der Familie Brentano. Die Brentanoschen Trauben aus der Winkler Gemarkung werden nach wie vor im Gutskeller des Brentanohauses zu Wein und Sekt ausgebaut und mit dem gesetzlich geschützten Goethe-Weinemblem versehen. Die Brentanoweine können im Gutsausschank probiert und erworben werden. Die Hausfrau Antonia Brentano berichtete über ihren Gast und Freund Goethe: "Von unserem guten Rheinweine konnte er ganz fürchterlich viel trinken, besonders von dem 11-er". Gemeint ist der Jahrgang 1811.

Im Gutsausschank des Brentanohauses werden auch Rheingauer Spezialitäten mit einem mediterranen Akzent serviert, die an die italienische Herkunft der Brentanos erinnern.

Der Rote Salon im Brentanohaus

Führungen durch die im Original erhaltenen Museumsräume, Lesungen und Weinproben im Brentanohaus werden jederzeit nach Vereinbarung durchgeführt. Zwischen März und Oktober treffen sich freitags oder samstags im historischen Saal Musik-, Literatur- und Weinliebhaber zu den Salonkultur-Veranstaltungen des Brentanohauses. Die Hausherrin, Angela von Brentano, rezitiert Goethe und andere, dazu werden eigene Weine ausgeschenkt und zu manchen Veranstaltungen wird auch ein Menü gereicht.

Brentanohaus
Am Lindenplatz 2
65375 Oestrich-Winkel
Tel.: 0 67 23/20 68
Fax: 0 67 23/8 77 92
brentanohaus@brentano.de
www.brentano.de

Salonkultur
März – Dez.

Gutsausschank im Brentanohaus

Öffnungszeiten
Apr. – Sept. Mo. – Fr. 12 – 14.30 Uhr, 18 – 0.30 Uhr, Do. Ruhetag;
Okt. – März Mo. – Fr. ab 18 Uhr, Sa., So. Feiert. ab 12 Uhr;
Mi. und Do. Ruhetag

Museumsuferfest

Drachenboot auf dem Main

Dieses kunterbunte Fest entlang des Mains ist eines der größten Volks- und Kulturfeste. Drei Tage am letzten August-Wochenende sind das Museumsufer, der Fluss in der Mitte und das rechte Mainufer Schauplatz für das Museumsuferfest. Die Museen, der Hessische Rundfunk, andere Institutionen und viele Sponsoren bieten ein großartiges Programm mit Museumsbesuchen, Führungen, Kinderprogramm, Kunstdarbietungen, Kunst- und Buch-Sonderverkäufen, Konzerten und Artistischem auf zahlreichen Bühnen. Das Museumsuferfest reicht weit über die Uferregion hinaus in die Stadt. Die Orgel- und Chormeile präsentiert Konzerte im Dom, in den Kirchen und im Karmeliterkloster den Klang im Kloster. Ein preiswerter Muse/ums/Ufer/Fest-Button gewährt Eintritt in die städtischen Museen. Das kulinarische Angebot reicht von leckeren Frühlingsröllchen, indischem Curry über Scampi in Knoblauch bis Linsensuppe und Bratwurst mit Brot. Ein publikumswirksamer Höhepunkt sind die Drachenbootrennen. Zum Abschluss der drei tollen Tage gibt es am Abend ein zauberhaftes und weithin leuchtendes Feuerwerk vor der berühmten Frankfurter Hochhauskulisse.

Tourismus + Congress GmbH
Kaiserstr. 56
60329 Frankfurt am Main
Tel.: 0 69/21 23 88 99
Fax: 0 69/21 23 78 80
info@tcf.frankfurt.de
www.frankfurt-tourismus.de

Museumsuferfest
Termin
letztes Aug.-Wochenende, Fr. – So.

Frankfurter Buchmesse

Der Erfinder der Druckkunst mit beweglichen Lettern, Gutenberg, Geburtshelfer einer neuen Zeit, hatte sich durch seine Erfindung derart verschuldet, dass er Mainz verlassen musste und 1454 nach Frankfurt übersiedelte. Hier unterhielt er eine Druckerei, bildete andere Drucker aus, wurde aber die finanziellen Sorgen nicht los, von denen erst Kurfürst Johann von Nassau ihn erlöste. Gutenberg ging wieder nach Mainz und schließlich nach Eltville. Inzwischen arbeiteten andere Drucker in Frankfurt. Langsam vollzog sich die Arbeitsteilung zwischen Druckereien, Verlegern, Buchhändlern. Zu den großen Frankfurter Messen kamen immer mehr Anbieter von Büchern aus ganz Europa.

Die Buchmesse als Teil der Messe fand in der Nähe von St. Leonhard statt, der Name Buchgasse erinnert noch heute daran. Und bis heute ist Frankfurt eine Stadt der Drucker, Verleger, Buchhändler und Autoren. Der Börsenverein des Deutschen Buchhandels hat hier in der Stadt seinen Sitz.

Zur alljährlich stattfindenden Buchmesse, der wichtigsten Messe ihrer Art in der Welt, kommen sie von überall her. Mehr

als 6 000 Verlage aus mehr als 100 Ländern präsentieren in den Messehallen ihre Bücher, zunehmend auch Hörbücher und elektronische Veröffentlichungen. Die Buchmesse, die sonst nur für Fachbesucher geöffnet ist, dürfen auch die großen und kleinen Leseratten von Freitag nachmittag bis Montag besuchen, sich die Bücher und ihre Autoren anschauen. Lesungen und andere literarische Veranstaltungen, die in der gesamten Stadt durchgeführt werden, machen aus der Buchmesse ein großes Fest des Buches.

Frankfurter Buchmesse
Messegelände
Friedrich-Ebert-Anlage
Tel.: 0 69/2 10 20
www.frankfurter-buchmesse.de
Termin
Okt., Mi. – Mo.

HEPPENHEIM

Festspiele Heppenheim

Heppenheim an der Bergstraße liegt nur einige Kilometer vom Ballungsgebiet Rhein-Main entfernt. Hier erfreut sich Deutschlands erfolgreichstes Privattheater größter Beliebtheit. Rund 40 000 Menschen strömen jedes Jahr in die Vorstellungen. Der Kurmainzer Amtshof ist eine herrliche Kulisse für

vergnügliche Theateraufführungen. Die Besucher sitzen mehr oder weniger dicht gedrängt auf hölzernen Bänken an langen hölzernen Tischen, trinken den im Ausschank angebotenen süffigen Wein. Eingeweihte tragen einen Picknickkorb mit sich und genießen neben dem Augen- und Ohrenschmaus ihre mitgebrachten Leckereien. Zwischen den Schlücken und Bissen darf über die Stücke von Moliere oder Shakespeare und anderen gelacht, geschmunzelt und Beifall geklatscht werden. Nach dem Theaterbesuch lohnt ein nächtlicher Spaziergang durch die mittelalterlich anmutenden Gassen der kleinen Stadt.

Festspiele Heppenheim
Postfach 1128
64629 Heppenheim
Tel.: 0 62 52/7 81 99
Fax: 0 62 52/7 85 87
info@festspiele-heppenheim.de
www.festspiele-heppenheim.com

Termin
Mitte Juli – Anf. Sept.

Hessentag
Heppenheim ist vom 18. – 27. Juni 2004 Austragungsort des Hessentags
www.heppenheim.de

Festspiel-Sommer

In jeder Stadt und Region des Hessenlandes gibt es zur Sommerszeit ein vielfältiges Angebot an Festen und Festivals, bei denen Kunst, Kultur und Kulinarisches sich vereinen zum großen Vergnügen und Freizeitspaß. Auch auf den Burgen und in den Schlössern lädt ein buntes Veranstaltungsprogramm ein, die historischen Bauten auf neue Art zu erleben.

Außer den großen Festspielen in Bad Hersfeld und in Heppenheim, die hier eine ausführliche Vorstellung erfahren haben, sollen nun wenigstens die anderen Orte des hessischen Festspiel-Sommers, die ebenso den Besuch wert sind, erwähnt werden.

Die Goethe-Stadt Wetzlar bietet auf drei Freilichtbühnen – im Rosengärtchen, Lottehof, Burghof Hermannstein – ein großes Programm mit ernstem und heiterem Schauspiel, Musical, Musik aller Art von Klassik bis Jazz, Comedy und Kleinkunst.

Wetzlarer Festspiele
Domplatz 8
35578 Wetzlar
Tel.: 0 64 41/4 58 70
Fax: 0 64 41/2 71 01
wetzlarer-festspiele@t-online.de
www.wetzlarer-festspiele.de

Termin
Ende Mai – Anf. Aug.

Die Vilbeler Wasserburg, Ort der Festspiele

Bad Vilbel vor den Toren Frankfurts hat eine schöne Fachwerk-Altstadt, Kureinrichtungen und eine Wasserburg. Diese ist der Ort der Festspiele mit Theater für Kinder und Erwachsene, Musical, Sonntagsmatineen mit Literatur oder Musik. Im Burgkeller gibt es ein Spätprogramm.

Burgfestspiele Bad Vilbel
Zehntscheune
61118 Bad Vilbel
Tel.: 0 61 01/55 94 55
Fax: 0 61 01/55 94 30
burgfestspiele@bad-vilbel.de
www.bad-vilbel.de

Termin
Anf. Juni – Anf. Sept.

Das Volkstheater Frankfurt – zu Ehren der großen Schauspielerin und langjährigen Prinzipalin mit dem Namen "Liesel Christ" ausgezeichnet, führt alte und neue Komödien im Theater neben dem Goethehaus auf. Im Sommer dient der Hof des Dominikanerklosters als Spielstätte.

Volkstheater Frankfurt – Liesel Christ
Großer Hirschgraben 21
60311 Frankfurt am Main
Tel.: 0 69/28 85 98
Fax: 0 69/2 00 99
vtlc@volkstheater-frankfurt.de
www.volkstheater-frankfurt.de

Termin
Mitte Juni – Mitte Aug.

In Hanau, der Stadt der Märchenbrüder Grimm, gibt es das sehenswerte Schloss Philippsruhe. Das Amphitheater im Schlossgarten dient vielfältigen Aufführungen – während der Märchenspiele gibt es hier Stücke nach den Brüdern Grimm und märchenhafte Musicals.

Brüder-Grimm-Märchenfestspiele
Pfarrer-Hufnagel-Str. 2
63454 Hanau
Tel.: 0 61 81/2 46 70
Fax: 0 61 81/2 46 71
maerchenfestspiele.hanau@t-online.de
www.brueder-grimm-maerchen-festspiele.de
Termin
Mitte Mai – Mitte Juli

Das Denkmal für die Brüder Grimm in Hanau

Die Ruine der Burg Hayn in Dreieichenhain

In den Resten der Burg Hayn in Dreieichenhain gibt es ein Museum, in den wildromantischen Ruinen werden das Burgfest gefeiert, Jazz gespielt und die beliebten Burgfestspiele veranstaltet. Auf dem Programm stehen Schauspiele, Operndarbietungen und Konzerte.

Burgfestspiele Dreieichenhain
Intendanz
Postfach 1128
64629 Heppenheim
Tel.: 0 62 52/7 81 99
Fax: 0 62 52/7 85 87
info@festspiele-heppenheim.de
www.burgfestspiele-dreieichenhain.de
Termin
ab Mitte Juni – Mitte Juli

Über Bensheim an der Bergstraße thront Schloss Auerbach. In einem malerischen Tal erstreckt sich das Fürstenlager – Sommerresidenz und Park. Hier wie dort finden die Veranstaltungen der Sommerfestspiele statt. Das Festspieljahr endet im Parktheater Bensheim.

Internationale Sommerfestspiele Bensheim-Auerbach
Bahnstr. 15
64625 Bensheim
Tel.: 0 62 51/23 32
Fax: 0 62 51/6 91 39
KaPeBecker@aol.com
www.marktplatz-bergstrasse.de
Termin
Anf. Mai bis gegen Ende Aug.